COURS D'ÉTUDES

A L'USAGE

DES ÉLÈVES

DE L'ANCIENNE ÉCOLE MILITAIRE

HISTOIRE ANCIENNE

DE L'IMPRIMERIE DE CRAPELET

RUE DE VAUGIRARD, 9

ABRÉGÉ

DE

L'HISTOIRE ANCIENNE

ET EN PARTICULIER

DE L'HISTOIRE GRECQUE

SUIVI

D'UN ABRÉGÉ DE LA FABLE

PARIS

LIBRAIRIE DE L. HACHETTE ET Cᵢₑ

RUE PIERRE-SARRAZIN, Nᵒ 14

(Quartier de l'École de Médecine)

1851

TABLE

GÉOGRAPHIQUE

DES NOMS DE RÉGIONS,

DE VILLES, DE FLEUVES, etc.

Contenus dans l'Abrégé de l'Histoire Ancienne.

A.

Achaïe, *Achaïa*, c'était la partie septentrionale du Péloponnèse, ayant à l'est la Sicyonie. Lorsque les Romains commencèrent à se mêler des affaires de la Grèce, comme la ligue des Achéens en faisait la principale force, ils donnèrent le nom d'Achaïe à presque toute la Grèce propre, c'est-à-dire, depuis la Thessalie exclusivement, jusqu'aux parties les plus méridionales.

Afrique, *Africa*, une des quatre parties du monde. Les anciens ne connaissaient guère de l'Afrique que la partie la plus septentrionale, depuis la grande Syrie, à l'est, jusqu'à la Numidie, à l'ouest. Là étaient Carthage, Utique, etc. C'est où se trouve aujourd'hui *Tunis*.

Alexandrie, *Alexandria*. Plusieurs villes de l'antiquité ont porté ce nom; et toutes rapportaient leur fondation à Alexandre. Celle qu'il fonda en Egypte était sur la mer méditerranée, assez près de l'embouchure du bras occidental du Nil. Elle était en face de l'île de Pharos; et avait au sud le lac Maréotide. Elle devint célèbre sous les Ptolémées par son commerce et par sa bibliothèque. Conquise par les Sarrasins, sous le règne d'Héraclius, elle n'a cessé de perdre de sa puissance et de son étendue.

Amphipolis, en Thrace, sur le Strimon, près de son embouchure; son nom est aujourd'hui *Lamboli*.

Arabie, grande presqu'île de l'Asie, entre la mer rouge à l'ouest, et le golfe Persique à l'est.

Arbelles, *Arbela*, dans l'Adiabène, province de l'Assyrie, à l'est du Tigre. Ce lieu se nomme aujourd'hui *Erbil*.

Archipel. On appelle mer de l'Archipel la partie de la Méditerranée qui baigne les côtes de la Grèce de l'est au sud. On désigne les îles qu'elle renferme par le nom d'îles de l'Archipel :

de là on a nommé *Archipel* les amas d'iles dans quelque endroit de la mer qu'elles se trouvent.

ARGINUSES, *Arginussæ*, iles au sud-est de Lesbos, mais plus près du continent de l'Asie mineure, où est un promontoire appelé autrefois Cana, appartenant à l'Etolie.

ARGOS, capitale de l'Argolide, contrée méridionale du Péloponnèse, sur l'Inachus : ce lieu porte encore le nom d'Argo.

ASIE MINEURE. Ce nom, inconnu dans l'antiquité, a été donné dans des temps postérieurs à la presqu'île que forme l'Asie à l'ouest, et que l'on a nommée Anatolie, puis par corruption Natolie.

ASSYRIE, province considérable de l'Asie, à l'est du Tigre, ayant l'Arménie au nord, et la Babylonie au sud : c'est aujourd'hui le Curdistan ou pays des Curdes.

ATHÈNES, *Athenæ*, capitale de l'Attique, et la plus illustre des villes grecques, tant par la gloire du peuple qui l'habitait que par la beauté et le grand nombre de monuments dont elle était ornée. Eloignée de la mer de quarante stades, elle communiquait avec le port de Pyrée par un long espace enfermé de murailles : elle avait encore les ports de Munichie et de Phalère. On la nomme encore Athéni.

ATHOS (mont), montagne formant la plus orientale des trois espèces de petites presqu'iles, qui terminent une presqu'île plus grande, appartenant à la Macédoine, entre le golfe Thermaïque à l'ouest, et le golfe du Strimon à l'est. Le mont Athos se nomme actuellement Agios-Oros, ou Monte-Sancto, à cause de la grande quantité de monastères qui y sont bâtis.

ATTIQUE, contrée de la Grèce où était Athénes. V. GRÈCE.

B.

BABYLONE, ville très-célèbre d'Asie, sur l'Euphrate, un peu au-dessus de sa jonction avec le Tigre. Elle était si grande que l'on estime son rapport à l'égard de Paris, comme cinq est à deux ; mais cette étendue, enfermée de hautes murailles, n'était pas toute remplie d'habitations. Elle tomba en décadence sous les princes Parthes. On croit en retrouver encore quelques vestiges dans le lieu nommé Babil.

BACTRIANE, *Bactriana*, province d'Asie à l'est de l'Arie, *Aria*, et au nord-ouest de l'Inde. Elle s'étendait le long de la rive méridionale de l'Oxus, qui la séparait de la Sogdiane. C'est aujourd'hui une partie de la Tartarie indépendante où est le Balk, autrefois Bactra, capitale du pays.

BÉOTIE, contrée de la Grèce propre, au nord-ouest de l'Attique. Ce pays est montagneux, et l'air y est un peu épais. On y trouvait Thèbes, Chéronée, Orchomène, Leuctres, Platée, etc.

BÉTIQUE, province qui répond à une partie de l'Espagne actuelle, appelée Andalousie. Ce fut la première que connurent les Phéniciens. Elle était riche et fertile. Son principal fleuve était le Bétis, qui, sous les Maures, a pris le nom de Guadial-Kivir ou grand fleuve, d'où s'est formé Guadalkivir, qu'il porte actuellement.

BITHYNIE, *Bithynia*, province de l'Asie - mineure, sur le Pont-Euxin, entre le Rhyndacus à l'ouest, et le Parthénius à l'est. Les principales villes étaient Prusa, Nicomédia.

BYSANCE, *Bysantium*, ville de Thrace, sur une pointe de terre, entre la Propontide (mer de Marmara), et une longue manche, ou espèce de baie que les anciens appelaient Chrisocéras ou Corne d'or. C'est cette baie qui forme le port de Constantinople, l'un des plus magnifiques et des meilleurs que l'on connaisse. Depuis que Constantin eut transféré à Byzance le siège de son empire, elle prit le nom de ce prince, et fut appelée Constantinople.

C.

CADIX, *Gades* ou *Cadir*, ville de la Bétique, fondée par les Phéniciens, dans une île vers l'embouchure du Bétis. Cette ville était, par rapport à eux, au-delà du détroit qu'ils appelaient Fretum Gaditanum ou Herculeum : c'est le détroit de Gibraltar.

CANAL, tiré du Nil à la mer Rouge, le seul canal d'Egypte dont l'antiquité puisse donner quelque notion : c'est celui qui fut fait sous Ptolémée - Philadelphe, lequel commençant au Nil à Babylon, allait par le nord-est jusqu'à Pharbœtus, puis revenait par le sud-est à Héroopolis, traversait un petit lac, et se rendait dans la mer Rouge à Arsinoë, vers l'endroit où est Suez.

CARTHAGE, *Carthago*, ville de l'Afrique propre des anciens, et l'une des plus fameuses de l'antiquité. Sa citadelle se nommait Byrsa : c'était la partie la plus ancienne ; elle avait un port formé de main d'homme nommé Cothon. Le véritable nom de cette ville en langue punique et phénicienne, était Carthada, c'est-à-dire ville nouvelle, d'où les Latins avaient fait Carthago, et les Grecs Carchedon. Détruite par les Romains cent quarante-six ans avant l'ère vulgaire, elle fut rétablie ensuite ; mais les Arabes la renversèrent de nouveau : à peine en voit-on quelques vestiges.

CASPIENNE (mer), *Caspiummare*. Les anciens la connaissaient mal.

CÉCROPIE, nom que porta d'abord la ville d'Athènes, d'après son fondateur Cécrops.

CHÉRONÉE, *Cheronea*, ville de la Béotie, en Grèce, au nord-ouest, vers la Phocide, sur un petit fleuve qui se rendait dans le lac Copaïs. L'historien Plutarque était de cette ville. Elle est célèbre par la victoire de Philippe (dont il est parlé dans cet ouvrage), et par une autre victoire remportée par Sylla sur les généraux de Mithridate.

CHYPRE, *Cyprus*, île de la Méditerranée, au sud de la

Cilicie, et à l'ouest de la Phénicie. Elle était riche et fertile. C'est dans cette île, à l'ouest, qu'était la célèbre ville de Paphos, où l'on disait qu'avait abordé Vénus en sortant de l'écume de la mer.

Cilicie, *Cilicia*, contrée de l'Asie-mineure, au sud, entre la Pamphilie à l'ouest, et la Syrie à l'est. On la divisait en Cilicie raboteuse ou *trachea*, et Cilicie champêtre ou *campestris*, c'est-à-dire qui a des plaines. Cette dernière avait au nord le Mont-Taurus, et à l'est le Mont-Amanus.

Colchide, *Colchis*, contrée d'Asie, à l'est du Pont-Euxin, qui en baigne les côtes. La Colchide est célèbre dans la Fable par l'expédition de Jason et des Argonautes. Une partie de ce pays porte aujourd'hui le nom de Mengreli ou Mengril : le reste répond à l'Imérilie.

Corinthe, *Corinthus*, ville célèbre de la Grèce, sur la côte septentrionale du Péloponnèse, au fond du golfe et près d'un isthme qui portait son nom. Sa citadelle était nommée Acro-Corinthe. Détruite par Mummius cent quarante-six ans avant J.-C., elle fut rebâtie au temps de César; cependant ce n'est plus aujourd'hui qu'un petit village sous le nom de Corito.

Coronée, *Coronœa*. L'antiquité connaissait plusieurs villes de ce nom : celle dont il est parlé dans cet ouvrage, était en Béotie, vers le sud-est de Chéronée, et comme elle sur un ruisseau qui se rendait dans le lac Copaïs.

Crète, *Crœta*, île la plus grande et la plus méridionale de l'Archipel : c'est dans cette île qu'est le mont Ida, sur lequel, selon les poètes, on avait élevé Jupiter : c'est aussi en Crète qu'avait régné Minos, et que Dédale avait construit son fameux labyrinthe dans les états de ce prince. Les Turcs l'appellent Icriti, et les Européens Candie.

Cydnus, fleuve dans la Cilicie campestris, ayant sa source dans le Taurus, et se jetant, au sud, dans la mer, après avoir arrosé la ville de Tharse (Tharsus). Ses eaux étaient extrêmement fraîches.

D.

Damas, *Damascus*, ville de Sélé-Syrie, à l'est de Sidon. Cette ville est située dans une vallée fertilisée par des eaux vives et fraîches. Elle devint la métropole d'une province appelée Phénicie du Liban. Elle se nomme actuellement Damesk.

Décélie, *Decelia*, petite ville de l'Attique, presque au nord d'Athènes, et sur le chemin de cette ville à Erétrie, dans l'île d'Eubée : le Céphissus coulait tout près de l'ouest.

Delphes, *Delphi*, ville de la Phocide, auprès du Mont-Parnasse. Elle était célèbre par les oracles que la Pythie y rendait dans un temple consacré d'abord à la Terre, puis à Neptune, à Thémis, enfin à Apollon. Ce temple renfermait de grandes richesses; il fut pillé par les Phocéens vers le temps de Philippe, puis par les Gaulois, soixante-dix-huit ans avant J.-C. Delphes porte aujourd'hui le nom de Castri.

E.

Ecbatane, *Ecbatana*, capitale de la Médie, fondée par Déjocès. Hérodote lui donne sept enceintes, bâties en amphithéâtre les unes autour des autres. Son nom moderne est Hamédan ou Hamadan.

Egine, *Ægina*, île située sur le golfe Argolique, en face d'Epidaure, et au sud-ouest d'Athènes. Elle porte aujourd'hui le nom d'Engia.

Egos-Potamos, c'est-à-dire le Fleuve de la Chèvre; c'est un petit ruisseau de la Chersonnèse de Thrace, entre Sestos au sud-ouest, et Callipolis au nord-est, et en face de Lampsaque. En cet endroit, l'Asie est séparée de l'Europe par l'Hellespont (actuellement détroit des Dardanelles).

Egypte, *Egyptus*, contrée d'Afrique, au nord-ouest, ayant à l'est l'isthme de Suez et la mer Rouge. Elle a environ deux cents lieues du sud au nord, mais elle est étroite, et ne forme presque qu'une vallée, arrosée au milieu par le Nil, qui la fertilise par ses débordements (Voy. Nil). Les anciens la divisaient en Egypte supérieure, au sud, Egypte du milieu ou Heptanomis, et en Egypte inférieure, dont la partie renfermée entre les bras du Nil, depuis leur division jusqu'à la mer, portait le nom de Delta. Dans l'Egypte supérieure ou haute Egypte, était la fameuse Thèbes ou Diospolis-la-Grande, dans l'Heptanomis, Memphis sur la rive gauche du Nil, et tout près de la basse Egypte; et dans cette dernière Héliopolis, peu éloignée de Memphis, au nord-est, et Alexandrie à l'ouest, et Pélusium à l'est, toutes deux sur le bord de la mer.

Elatée, *Elatia*, au nord-est de Delphes et du Parnasse, et peu éloignée du Céphissus à sa gauche.

Ephése, ville célèbre de l'Asie-mineure, sous le trente-huitième degré de latitude, assez près de l'embouchure du Caïstre. Les villes grecques de l'Asie y avaient élevé, à frais communs, un temple magnifique à Diane. Elle fut la demeure d'un proconsul romain. Il n'en subsiste que des ruines, sous le nom d'Aiosoluc.

Espagne, *Hispania*, grande partie de l'Europe, au sud-ouest. Les anciens la divisaient en Lusitanie (qui est à peu près le Portugal), en Tarragonoise et en Bétique. De plus grands détails ne sont pas de notre objet.

Etolie, *Ætolia*, contrée de la Grèce propre, au sud de la Thessalie, entre l'Arcananie à l'ouest, et la Doride et la Locride à l'est. Son principal fleuve était l'Evénus, et sa ville principale Calydon.

Eubée, *Eubœa*, île de la Grèce, dans la mer de l'Archipel, à l'est de la Béotie et de l'Attique : elle est séparée du continent par un détroit si peu large, qu'une galère y passait difficilement. C'est ce détroit que les anciens ont appelé Euripe, et dans lequel le flux et le reflux est presque aussi sensible que dans l'Océan. Ses principales villes étaient Chalcis et Eretrie. Le nom d'Euripe, altéré dans celui d'Egipo, a servi à former le nom de Négrepont, que l'on donne communément à cette ile.

EULÉE, *Eulœus,* fleuve de la Susiane, qui communiquait avec le Pasitigris au moyen d'un canal.

EUPHRATE, *Euphrates,* grand fleuve d'Asie, commençant aux montagnes d'Arménie, et se réunissant au Tigre avant de se rendre dans le golfe Persique. Ce fleuve passait à Babylone du nord au sud.

G.

GALATIE ou GALLO-GRÈCE, *Galatia,* grande contrée œ l'Asie-mineure, au sud d'une partie de la Bithynie et de la Paphlagonie. Elle avait pris son nom d'une émigration de Gaulois, qui, sous la conduite de Brennus, s'y étaient établis environ deux cent soixante-dix ans avant J.-C.; et comme auparavant il y avait eu des Grecs, on leur donna le nom de Gallo-Grecs. Ils étaient partagés en trois nations. Ancyre (anciennement Angoura) était leur principale ville.

GAULOIS, peuples habitants de la Gaule, qui comprenait la France actuelle et plusieurs pays adjacens.

GAZA, ville de la Palestine, assez près de l'Egypte. On voit par l'Ecriture-Sainte qu'elle avait appartenu aux Philistins. Elle avait un port qui n'en était pas éloigné. Son nom et sa position sont encore les mêmes.

GRANIQUE, *Granicus,* petit fleuve, ou plutôt espèce de torrent qui prenait sa source au mont Ida en Phrygie, et coulait par le nord-est pour se rendre dans la Propontide, à peu près à égale distance entre Lampsaque et Cizique. Son nom actuel est Ousvola.

GRÈCE, *Græcia,* grande contrée d'Europe, qui, sous le même nom, fait partie de la Turquie européenne. Elle était divisée en Terre ferme et en presqu'ile, appelée Péloponnèse. La Terre ferme comprenait, en commençant par le nord, la Macédoine, l'Illyrie, l'Epire, la Thessalie; et la Grèce propre comprenait l'Arcananie, l'Etolie, la Locride, la Doride, la Phocide, la Béotie, la Mégaride et l'Attique. Le Péloponnèse renfermait l'Achaïe, la Sycionie, la Corinthie, l'Argolide, la Laconie, la Messénie, l'Elide et l'Arcadie.

Ses principales iles étaient à l'ouest, dans la mer Ionienne, Corcyre, Leucade, Céphallénie, Itaque, Zacynthe, les Strophades; dans la mer Egée, Thasos, Scyros, Eubée, Andros, Mycone, Délos, Céos, Naxe, Paros; au sud, Cythère et l'ile de Crète.

H.

HALICARNASSE, *Halicarnassus,* ville de la Carie, au sud-ouest d'une petite presqu'ile qui s'avance vers l'ile de Cos

(Stanco ou Stanchio). Elle était la résidence des rois de Carie, et fut ornée d'un superbe tombeau que la reine Arthémise fit élever à Mausole, son mari. Les historiens Hérodote et Denys d'Halicarnasse étaient de cette ville.

HELLESPONT, *Hellespontus*, détroit fort resserré entre la partie du sud-ouest de la Chersonnèse de Thrace et la Troade, à l'entrée de la Propontide.

HÉLIOPOLIS, ville d'Egypte dans le Delta, au nord-est de Memphis, à quelque distance du Nil. Son nom signifie Ville du Soleil.

HIDASPE, fleuve des Indes, qui se rend dans l'Indus à sa gauche, au lieu où fut fondée une ville du nom d'Alexandrie.

I.

ILLYRIENS, habitants de l'Illyrie, contrée que, dans une division fort étendue de la Grèce, on comprend comme en faisant partie ; elle était à l'ouest de la Macédoine. Elle fait partie de l'Albanie actuelle.

ILOTES ou HÉLOTES. La ville d'Hélos était dans la Laconie, près du bord de la mer, vers le sud-est de Sparte. Agis, Ier. roi de Sparte, en 1056 avant Jésus-Christ, ayant pris cette ville, en réduisit les habitans en servitude, sans qu'il fût permis de leur rendre la liberté ni de les vendre. On les destina, eux et leurs descendants, à la culture des terres ; dans la suite, tous les esclaves cultivateurs furent nommés, chez les Lacédémoniens, Hélotes ou Ilotes, à la différence de ceux qui servaient dans les maisons, et que l'on nommait OIKETAI ou domestiques, c'est-à-dire servant dans les maisons (*).

IONIE, *Ionia*. On nommait ainsi une partie de la côte occidentale de l'Asie-mineure, tenant à la Lydie. Elle s'étendait à peu près depuis l'Hillus au nord, jusqu'au Méandre au sud. Des Grecs s'y étaient établis vers l'an 900 avant l'ère vulgaire. Ephèse et Smyrne en étaient les principales villes.

INDE, *India*, vaste région de l'Asie, qui porte encore le même nom, et que les anciens ne nous ont fait connaître qu'assez imparfaitement.

INDUS, fleuve considérable de l'Inde, dont le nom actuel est Sind. Il commence aux monts appelés autrefois Emodi, et se rend par le sud-ouest dans un petit golfe, appelé alors Baraces.

ISSUS, lieu devenu célèbre depuis la victoire d'Alexandre dans la Cilicie *campestris*, tout près des confins de la Syrie, où était un défilé appelé *Syriæ pilæ*, portes de Syrie.

(*) Et réellement on trouve dans OIKETAI le mot OKOIΣ maison ; comme dans *domestique* on retrouve le mot *domus*, qui signifie aussi maison en latin.

J.

Jupiter Ammon (temple de). Il était situé dans un canton de la Lybie, à l'ouest de l'Egypte, vers le sud-ouest de Memphis. On présume qu'il était dans le lieu appelé Sant-Rieh.

L.

Lacédémone ou Sparte, ville considérable du Péloponnèse, dans la Laconie, et la rivale d'Athènes dans les affaires générales de la Grèce. Elle était située sur l'Eurotas, assez loin de la mer. La ville de Misitra ne répond actuellement qu'à une partie du terrain qu'occupait Lacédémone ou ses dépendances.

Laconie, région du Péloponnèse dont Lacédémone était la capitale. Elle avait au nord l'Arcadie, à l'est l'Argolide et la mer, au sud la mer, et la Messénie à l'ouest. L'Eurotas était son principal fleuve.

Lampsaque, *Lampsacus*, ville de l'Asie-Mineure, sur le canal ou détroit qui portait le nom d'Hellespont, et communiquant à la Propontide, au nord-est d'Abydos. Ce lieu porte encore le nom de Lampsaki.

Leuctres, *Leuctra*, petite bourgade de la Béotie, à l'ouest de Platée, vers le golfe de Corinthe.

Liban, chaîne de montagnes de la Syrie, s'étendant du nord au sud parallèlement au rivage de la mer. Ces montagnes sont en grande partie couvertes de cèdres.

Locriens, peuples de la Grèce, divisés en Locriens Ozoles, ayant pour villes principales Amphissa et Naupacte, à l'ouest de la Phocide ; en Locriens Opuntiens, où était Opus, sur un golfe de son nom, en face de l'Eubée ; et en Locriens Epi-Cnédimiens, parce qu'ils habitaient auprès du mont Cnémis. Il y avait encore des Locriens Epi-Zéphiriens ; mais ils habitaient en Italie, dans la grande Grèce, auprès du promontoire Zéphirium.

Lydie, grande contrée de l'Asie-mineure, à l'ouest, assez près de la mer, dont elle n'était séparée que par la côte d'Ionie. Ses principaux fleuves étaient le Pactole et le Méandre au sud, et ses principales villes Sardes, Magnésie, au nord-ouest, et Philadelphie, au sud-est de Sardes.

M.

Macédoine, région considérable d'Europe, au nord de la Thessalie. Elle avait d'abord été peu étendue, et traitée par les Grecs de pays barbare ; mais depuis les règnes de Philippe et d'Alexandre, elle fut comprise au nombre des provinces de la Grèce, et envoya des députés au conseil des Amphictyons. Ses principaux fleuves étaient le Strimon, l'Axius, l'Haliacmon, etc. ; ses principales villes, Edesse, Pella, Thessalonique.

Mantinée, ville considérable de l'Arcadie, vers l'Argolide. Il paraît que ce fut près d'un bois appelé Pélagos, au sud-ouest de la ville, que fut donnée la bataille dans laquelle périt Epaminondas. Mantinée est actuellement remplacée par Tra-polizza.

MARATHON, bourg de l'Attique, au nord-est d'Athènes, dont il était séparé par le mont Pentélique. Ce lieu porte le même nom.

MASSAGÈTES, nation Scythe, habitant au-delà de l'Iaxarte, au nord-est de la Sogdiane.

MÉDIE, *Media*, province d'Asie, au sud et au sud-ouest de la mer Caspienne. Ecbatane en était la ville la plus considérable.

MÉGALOPOLIS, ville fondée en Arcadie d'après les vues d'Epaminondas, et dont le nom signifie la grand-ville, parce que l'on y réunit les habitans d'un assez grand nombre d'autres villes, trop faibles pour suffire à leur propre défense. Elle était au sud sur l'Hélisson, qui se rendait dans l'Alphée.

MEMPHIS, ancienne ville de l'Egypte dans l'Heptanomie, sur la rive gauche du Nil, vers le sud-ouest du Caire, et peu éloignée du lieu où se trouvent les pyramides, plus à l'ouest.

MER-ROUGE, *Sinus Arabicus*, à l'est de l'Egypte : cette mer communiquerait avec la mer Méditerranée sans l'isthme de Suez qui joint l'Asie avec l'Afrique.

MÉRIS (lac). Ce lac était en Égypte, à l'ouest du Nil. Comme le rapport des anciens n'est pas uniforme à son égard, cette diversité d'opinions a donné lieu à bien des conjectures. M. d'Anville pense que par le lac Méris, Strabon désigne un grand amas d'eau que les voyageurs modernes retrouvent encore entre les montagnes, au sud.

MÉSOPOTAMIE, *Mesopotamia*, province d'Asie, dont le nom signifie *entre les fleuves*, parce qu'en effet elle était entre l'Euphrate à l'ouest, et le Tigre à l'est, qui la resser-roit fort au sud. Les Arabes l'appellent l'ile ou *Algezira*.

MESSÉNIE, *Messenia*, contrée du Péloponnèse, à l'ouest de la Laconie. Ce pays passa au pouvoir des Lacédémoniens. Sa capitale était Messène, qui avait au nord la citadelle appelée Ithome. Ces deux places étaient reculées dans l'intérieur du pays, et non sur le bord de la mer, comme on le voit dans quelques cartes très-imparfaites.

MILET, *Miletus*, ville de la Carie, dans l'Asie-mineure, au nord d'Halicarnasse, et au sud de l'embouchure du Méandre. Elle est célèbre par ses colonies et par le philosophe Thalès.

MYCALE, mont de l'Ionie, formant un promontoire en face de l'ile de Samos, un peu au nord du Méandre.

MYCÈNE, *Myceniœ*, ville de l'Argolide, à l'ouest d'Argos, et non sur la côte au sud-ouest, comme l'indiquent quelques cartes. Elle passait pour avoir été fondée par Persée, et fut la capitale des Etats d'Agamemnon. Ses ruines subsistaient encore au temps de Pausanias, qui les avait vues, environ cent quarante ans depuis l'ère vulgaire.

*

Mytilène, ville principale de l'île Lesbos, et la patrie de la fameuse Sapho et de plusieurs autres personnages distingués. On la nomme aujourd'hui *Mytilini*.

N.

Nil. Ce fleuve commence dans l'intérieur de l'Afrique, à dix degrés de l'équateur. Il arrosait l'Ethiopie et l'Egypte du sud au nord. Un peu au-dessous de Memphis, il se séparait en deux branches, qui, formant un angle, allaient au nord-est et au nord-ouest se jeter dans la mer. Il commence à s'enfler au mois de mai, déborde en juillet, et rentre dans son lit en octobre et novembre. C'est cette inondation qui fertilise les terres; mais il faut qu'elle aille au-dessus de seize coudées, et qu'elle ne passe pas vingt-quatre. La coudée est appelée *draa*; elle a vingt pouces et demi de notre pied.

Ninive, ville fameuse d'Asie, sur le bord du Tigre, vers le nord-ouest de Babylone. On trouve encore un lieu appelé *Nino*, où sont des vestiges d'une grande ville, sur la rive opposée à Mosul.

O.

Olympie, ville de l'Elide, considérable par les jeux que l'on y célébrait tous les quatre ans, et qui portaient son nom. Elle était tout près de Pise, avec laquelle quelques géographes ont eu tort de la confondre, et arrosée par le fleuve Alphée.

Olynthe, ville située dans la partie de la Macédoine qui forme une presqu'île entre les golfes Thermaïque et Strimonique. Elle était sur une hauteur au fond du golfe Toronaïque, au sud-est de Thessalonique.

P

Paros, petite île de l'Archipel, à l'ouest de Naxe : elle était riche et renommée par ses marbres. Elle est peu considérable aujourd'hui, et se nomme *Paro*.

Péloponnèse, presqu'île au sud de la Grèce, dont elle forme une partie considérable. Suivant l'étymologie que l'on en donne ordinairement, ce nom signifie *île de Pélops*. Pélops était fils de Tantale, roi de Phrygie, qui régnait vers l'an 1300 ou 1320 avant J.-C. Il était venu, disait-on, s'établir en Grèce, et ses descendants portèrent le nom de *Pélopides*. Le Péloponnèse est joint à la Terre-Ferme par un isthme appelé autrefois *isthme de Corinthe*, et actuellement *Hixamili*, parce qu'il a six mille de largeur. Depuis que les Héraclides, soutenus des Doriens, s'étaient emparés du Péloponnèse, on avait élevé sur l'isthme une colonne où l'on voyait, du côté de Corinthe : *C'est de ce côté le Péloponnèse et non l'Ionie ;* et du côté de l'Attique : *C'est ici l'Ionie, et non le Péloponnèse,* Cette presqu'île s'appelle aujourd'hui *Morée*

Péluse, *Pelusium*, ville considérable de l'Egypte, située à

l'embouchure du bras occidental du Nil : c'était la clef de l'E-
gypte de ce côté. Son nom en grec indique qu'elle était dans
des marais. Le nom *Tineh*, que ses ruines portent aujourd'hui,
a, en arabe, la même signification. Quelques auteurs ont cru,
mal à propos, que Damiette occupait son emplacement ; cette
dernière est plus occidentale.

PERSE, *Persis*, province d'Asie, ayant au nord la Médie,
à l'est la Carmanie, au sud le golfe Persique, et à l'ouest
la Susiane ; c'est aujourd'hui le *Farsistan*. Elle a ensuite
donné son nom à un empire puissant fondé par Cyrus, et
détruit par Alexandre. Sa principale ville était *Persépolis*.

PERSÉPOLIS, dont le nom signifie *ville de Perse*, et vient du
grec, n'avait probablement pas ce nom chez les Perses. Elle
est détruite ; on nomme son emplacement, où se voient beaucoup de ruines, *Estahar*.

PHALÈRE, *Phalerus*, était un port d'Athènes tout près de
Munichia, mais moins considérable que le Pirée.

PHAROS, île longue et étroite, en face de la côte où était
Alexandrie en Egypte. Elle était jointe au continent par une
chaussée longue de sept stades, et par cette raison nommée
Heptastadium. Il y avait pour la ville d'Alexandrie un port
de chaque côté de cette chaussée.

PHÉNICIE, région d'Asie, resserrée entre des montagnes à
l'est, et la mer Méditerranée à l'ouest. Ses principales villes
étaient Bérite, Sidon et Tyr. Elle fait partie de la *Souri* actuelle.

PHÈRES, *Pheræ*, ville de la Thessalie, sur le Naurus, à
l'est, assez près de Démétriade, et au sud des monts Ossa et
Pélion.

PHOCIDE, contrée de la Grèce, ayant au nord la Thessalie,
à l'est les Locriens, au sud-est la Béotie, à l'ouest les Locriens *Ozoles*, et la Doride. Elle renfermait le *Parnasse* et la
ville de *Delphes*.

PHRYGIE, *Phrygia*, contrée très-considérable de l'Asie-
mineure, dont elle occupait à peu près le centre, avec la
Cappadoce qu'elle avait à l'est.

PLATÉE, *Platea*, ville de la Béotie, au sud-ouest de Thèbes
et au nord du mont Cithéron. Les Thébains détruisirent cette
ville, mais Alexandre permit à ses anciens habitans de la rebâtir.

PONT-EUXIN, grande étendue de mer entre l'Europe et l'A-
sie, au-delà du Bosphore de Thrace. C'est aujourd'hui la Mer
Noire.

POTIDÉE, *Potidæ*, appelée depuis Cassandrie, était au
sud-ouest d'Olynthe, sur un isthme qui joint la terre à la
presqu'île appelée alors *Pallene* ou *Phlegra*.

PYRÉE ou PIRÉ, port d'Athènes, joint à cette ville par un
espace de quarante stades, fermé de murs de chaque côté.
C'est aujourd'hui *Porto-Leone*.

PYTHIQUES (jeux). C'étaient des jeux assez semblables aux

jeux olympiques, et les plus célèbres après eux. Ils se célé-
braient tous les deux ans à Delphes, en l'honneur de la prétendue victoire d'Apollon sur le serpent Python.

R.

Rhodes, *Rhodus*, île dans la Méditerranée, au sud de la
Carie. Sa capitale portait le même nom, et avait été fondée
au temps de la guerre du Péloponnèse.

Rome, *Roma*, ville considérable de l'Italie, sur le Tibre.
(Il en sera parlé avec quelque détail dans la Géographie de
l'Histoire Romaine).

S.

Salamine, *Salamis*, petite île du golfe Saronique, au sud
d'Eleusis, et à l'ouest du Pyrée, ne laissant qu'un passage fort
étroit entre elle et la Terre-Ferme, elle se nomme à
présent *Colouri*.

Sardaigne, *Sardinia*, grande île de la Méditerranée, entre
l'Espagne à l'ouest, et l'Italie à l'est, au sud de l'île de Corse.

Sardes, ville considérable de l'Asie-mineure, et la capitale
de la Lydie, sur le Pactole.

Scythie, *Scythia*. Les anciens désignaient par ce nom les
parties de l'Asie que nous nommons aujourd'hui Tartarie. Ce
nom même s'était étendu dans la partie occidentale de l'Europe. Le mont Imaüs, situé en Asie vers le 95e. degré de lon-
gitude, et 35 et 40 de latitude, divisait la Scythie au deçà et
Scythie au delà de l'Imaüs, *Scythia intra*, et *Scythia extra
Imaüm*.

Sélasie, *Selasia*, ville de la Laconie, au nord de Sparte,
sur le fleuve OEnus.

Sparte, *Sparta*, capitale de la Laconie, aussi nommée
Lacédémone. Par *Lacédémoniens* on entendait tous les citoyens
de l'Etat; au lieu que par *Spartiates* on n'entendait que les
citoyens de Sparte.

Sicile, *Sicilia*, grande île de la Méditerranée, à l'extrémité de l'Italie. Presque toutes ses villes étaient de fondation
grecque. Il en sera parlé plus en détail dans la Géographie
de l'Histoire Romaine.

Sicyone, *Sicyon*, ville de la Grèce, dans la Sicyonie, au
nord du Péloponnèse, et au nord-ouest de Corinthe. Elle avait
donné naissance à d'habiles artistes; c'est aujourd'hui un lieu
nommé *Basilico*.

Sidon, ville célèbre de la Phénicie, au nord de Tyr. Elle fut
autrefois capitale d'un petit Etat, et eut des rois. On croit que
la ville de Séide est dans son emplacement.

Sogdiane, *Sogdiana*, province de l'Asie, à quelque distance à l'est de la mer Caspienne, au delà de l'Oxus : c'est
à peu près ce que nous appelons *Trans Oxiane*, ou *Mauer-
Hennahar* (au delà du fleuve), selon les Orientaux. *Mara-*

canaa y occupait le lieu où est à présent *Samarcanc'e*, en Tartarie.

Sʏʙᴀʀɪᴛᴇs, habitants de Sybarie, en Italie, sur le golfe de Tarente. Ils étaient connus par leurs goûts efféminés et leur penchant à une excessive mollesse.

Sʏʀɪᴇ, *Syria*, grande province d'Asie, entre la Mésopotamie à l'est, et les côtes de la Phénicie à l'ouest. Elle comprenait plusieurs provinces dont le détail serait ici déplacé.

T.

Tᴀɴᴀɢʀᴇ, ville de la Béotie, à l'est, sur une hauteur au nord et près de l'embouchure de l'Asopus.

Tᴀʀsᴇ, *Tarsus*, ville de la Cilicie Campestris, sur le Cydnus.

Tᴇɢʏʀᴇ, ville qui paraît avoir appartenu à la Béotie, et qui devait être vers le nord d'Orchomène. Au moins Plutarque, en parlant du Mélas qui arrose les terres où elle est située, indique-t-il cette position. Il ajoute même (*in Vitâ Pélop*) qu'il y avait au même lieu un temple d'Apollon *Tégyrien*. Cette ville paraît avoir été négligée par tous les géographes ; M. d'Anville lui-même l'a omise sur sa carte de la Grèce.

Tʜᴇʙᴇs, *Thebœ*, ville considérable de la Béotie, au sud-est du lac Capaïs : sa citadelle se nommait Cadmée. Le petit village qui a pris sa place, porte le nom de *Thiva*.

Tʜᴇʀᴍᴏᴘʏʟᴇs, *Termopylœ*, défilé étroit entre les bords de la mer et les montagnes, par lequel on passait de la Thessalie dans la Locride des Epi-Cnémidiens, et de là dans le reste de la Grèce. *Thermopyles* signifient *portes chaudes*, ainsi nommées, parce qu'il y avait des sources chaudes en ce lieu. Ce défilé, large au plus de vingt-cinq pieds, porte le nom de *la bouche du loup*.

Tʜʀᴀᴄᴇ, grande contrée d'Europe, qui s'étendait depuis la Macédoine à l'ouest, jusqu'à la mer Noire.

Tɪɢʀᴇ, grand fleuve d'Asie, bornant à l'est la Mésopotamie. Il commence en Arménie, se joint à l'Euphrate, puis se jette dans le golfe Persique.

Tʀᴇsᴇɴᴇ, ville de l'Argolide, sur le golfe Paronique, au sud-est d'Epidaure.

Tʀᴏʏᴇ, *Troja*, ville considérable d'Asie, dans la Troade, tout près de l'Hellespont. On avait bâti une seconde Troye sur les ruines de la première, et c'est de celle-ci que l'on voit les restes.

Tʏʀ, ville de Phénicie, bâtie d'abord dans le continent, puis dans une ile au sud de Sidon

Fin de la table géographique.

TABLE

DE L'ABRÉGÉ

DE L'HISTOIRE ANCIENNE,

PAR DEMANDES.

I. *Sur les Egyptiens.*

II. *Sur les Phéniciens.*

III. *Sur les Assyriens et les Babyloniens.*

IV. *Sur les Mèdes et les Perses.*

V. *Sur les Indiens.*

HISTOIRE GRECQUE.

—

CHAPITRE I.

Des temps fabuleux et héroïques.

Chap. II. *De Sparte et des lois de Lycurgue.*

CHAP. III. *D'Athènes et des lois de Solon.*

CHAP. IV. *Les Perses vaincus par Miltiade.*

Chap. V. *Aristide et Thémistocle, Xerxès.*

Chap. VI. *Les Perses vaincus et chassés.*

Chap. VII. *Rivalité de Sparte et d'Athènes.*

Chap. VIII. *Cimon augmente la gloire d'Athènes.*

Chap. IX. *Périclès gouverne Athènes.*

Chap. X. *Commencement de la guerre du Péloponnèse. Alcibiade.*

Chap. XIV. *Succès des Thébains.*

Chap. XV. *Philippe, roi de Macédoine.*

Chap. XVI. *Fin de Philippe. Phocion.*

Chap. XVII. *Règne d'Alexandre jusqu'à la bataille d'Arbelles.*

Chap. XVIII. *Fin du règne d'Alexandre.*

Chap. XIX. *Affaires d'Athènes et de Macédoine.*

Chap. XX. *Partage de l'empire d'Alexandre.*

Chap. XXI. *Ligue des Achéens. Agis et Cléomène.*

Chap. XXII. *Sur les arts, la littérature et les sciences de la Grèce.*

Fin de la table de l'histoire Grecque.

ABRÉGÉ

DE

L'HISTOIRE ANCIENNE.

NOTIONS GÉNÉRALES
SUR LES ÉGYPTIENS
ET LES ANCIENS PEUPLES DE L'ASIE.

I.

Sur les Égyptiens.

L'ÉGYPTE est la partie de l'Afrique la plus voisine de l'Asie, dont elle est séparée par la mer Rouge. Quoique très-fertile, elle n'a pu devenir habitable qu'à force d'industrie et de travaux. Le Nil inonde ses campagnes plus de trois mois de l'année; et le limon qu'il y dépose, sur des terres naturellement arides, est le principe de l'abondance dont elle jouit. Cinq mois de pluie dans les pays d'où ce fleuve coule, le font croître et se déborder. Si le débordement ne monte pas jusqu'à huit coudées, ou s'il monte au-dessus de vingt-quatre, l'Egypte souffre de la disette (1).

Pendant l'été, elle ressemble à une mer parsemée de villes, de villages et de bosquets; pendant l'hiver, c'est une plaine riante, couverte de moissons, d'arbres odoriférans, de troupeaux et de laboureurs. Mais pour

Idée de l'Égypte.

Spectacle de l'Égypte.

---

(1) Cette mesure de la fertilité de l'Égypte n'a point varié depuis le temps de ses premiers rois jusqu'à nos jours.

I.

qu'un peuple s'y formât des habitations au milieu des eaux, pour qu'il trouvât les moyens de profiter de la crue du Nil et d'en éviter les inconvéniens, il a fallu que les hommes fussent assez habiles pour vaincre les obstacles de la nature. C'est le fruit du temps et de l'expérience. Les Egyptiens sont néanmoins un des plus anciens peuples civilisés que l'on connaisse par l'histoire.

Antiquité.   Dès le temps des patriarches, leur monarchie était florissante. Selon les traditions de leurs prêtres, elle avait une antiquité prodigieuse (1). Ils supposaient que les dieux l'avaient gouvernée d'abord, et que Vulcain, le premier de tous, y avait régné neuf mille ans. Osiris, Isis, sa femme et sa sœur, Hermès, que les Grecs ont nommé *Mercure*, étaient autant de divinités à qui ils attribuaient l'origine des lois, des arts et des sciences. Ils divinisaient ainsi les hommes, qu'on regardait comme les auteurs des avantages de la société; c'est une des principales sources de l'idolâtrie.

Premier Roi.   Ménès a été vraisemblablement le premier roi d'Egypte. Son règne remonte si haut, que des savans le prennent pour un des petits-fils de Noé. Il régnait l'an 2965 avant Jésus-Christ, selon quelques chrono-

---

(1) On sera moins étonné de la durée des siècles que ces prêtres attribuaient à leur monarchie, si l'on considère, selon la remarque de Diodore de Sicile, que les anciens Egyptiens avaient d'abord réglé leurs années sur le cours de chaque lune, et ensuite sur celui de chaque saison, DIOD. DE SICILE, LIV. 1, SECT. 1, §. 14. Les mêmes calculs ont pu faciliter les mêmes erreurs aux chronologistes indiens et chinois. Loin, d'ailleurs, que ces peuples puissent nous donner aucun témoignage d'une si haute antiquité, rien dans leurs lettres, sciences et arts, ou dans leurs monumens nationaux, ne remonte au-delà de l'époque du déluge universel. Cette époque, telle qu'on la trouve fixée par la chronologie des juifs, est une barrière insurmontable qui sépare les siècles primitifs de ceux qui se sont écoulés depuis, et que toute la présomption des hommes ne saurait jamais franchir.

logistes. La chronologie ordinaire, suivie par l'illustre Bossuet, ne met toutefois que 2348 ans entre Jésus-Christ et le déluge universel. Mais elle est évidemment incertaine, et l'on ne peut la prendre pour règle sans risquer de se tromper de plusieurs siècles.

·Après Ménès, s'écoulèrent plusieurs siècles qui sont inconnus (1), et dans lesquels on place les rois *pasteurs*. Ces pasteurs étaient des Arabes qui firent la conquête de l'Egypte. Enfin le fameux Sésostris paraît sur le trône, prince conquérant et législateur, qu'on disait avoir pénétré jusque dans l'Inde, jusque dans la Thrace, mais dont nous ne pouvons rien savoir de certain. *Successeurs de Ménès.*

L'histoire d'Egypte ne s'éclaircit un peu qu'environ l'an 670 avant Jésus-Christ. Alors le roi Psamméticus ouvrit ses ports aux étrangers, et la nation entra en commerce avec les Grecs. *Epoque où s'éclaircit l'histoire.*

Néchos, son fils, entreprit de joindre le Nil à la mer Rouge par un canal de communication. Cette entreprise, digne d'un grand roi, ne réussit point, et il perdit plus de cent mille hommes dans les travaux. Il en fit exécuter une autre, qui devait immortaliser son règne. Par ses ordres, des navigateurs phéniciens partant de la mer Rouge, firent le tour de l'Afrique, et revinrent la troisième année à l'embouchure du Nil. *Entreprises de Néchos.*

Amasis détrôna le fils de Néchos. Il se rendit célèbre en favorisant le commerce, en attirant les Grecs dans son royaume, où Solon et Pythagore vinrent s'instruire. *Amasis.*

Sous le règne suivant, la monarchie fut détruite. Cambyse, roi de Perse, la subjugua vers l'an 525 avant Jésus-Christ. L'Egypte demeura presque toujours esclave ou tributaire des Perses, jusqu'à la conquête *Cambyse,*

---

(1) Il suit de cet aveu même de l'histoire, que l'on ne saurait rien établir de positif sur les époques de la chronologie égyptienne qui précèdent ces siècles inconnus.

de leur empire par Alexandre. Elle acquit un nouvel éclat sous les Ptolémées, comme on le verra dans la suite. Le gouvernement, les lois, la religion, les mœurs, les arts et les sciences des Egyptiens, sont plus propres à nous instruire que leur histoire.

Gouvernement des Egyptiens. De temps immémorial, l'Egypte avait obéi à des rois. Ce gouvernement, qu'on appelle *monarchie*, se forma sans doute sur l'exemple de l'autorité paternelle. Un père était chef de sa famille, et la gouvernait : on choisit un roi pour être le chef du peuple et le gouverner. Les lois devaient lui servir de règles à lui même; elles réglaient en Egypte, l'ordre de sa cour, l'emploi de son temps, les mets de sa table. Chaque jour la religion lui rappelait ses devoirs; le grand-prêtre l'exhortait à la pratique des vertus royales, et faisait des imprécations contre ceux qui voudraient l'en détourner par leurs conseils. La lecture des meilleurs maximes, des traits d'histoire les plus instructifs, était aussi employée pour diriger sa conduite.

Rois jugés après leur mort. Ces rois, comme les particuliers, étaient jugés publiquement après leur mort; chacun pouvait les accuser : le peuple prononçait le jugement, et s'ils avaient mal vécu ou mal gouverné, on les privait de la sépulture. Combien cette coutume ne pouvait-elle pas réprimer le vice !

Partage des terres. On attribue à Sésostris la distribution de l'Egypte en trente-six *nomes* ou départemens, qu'il confiait aux hommes les plus dignes de commander. Les terres étaient partagées entre le roi, les prêtres et les gens de guerre. Le reste de la nation devait subsister de son travail. Ce partage mettait trop d'inégalité, et rendait les prêtres trop puissans.

Prérogative des prêtres. Eux seuls cultivaient les sciences; ils avaient présidé à la constitution de l'Etat, et ils conservèrent toujours une grande influence dans les affaires. Il paraît que les guerriers furent amolis par les richesses; ils furent

presque toujours vaincus par les peuples qui attaquè-
rent l'Egypte:

L'administration de la justice était un des principaux
fondemens du bonheur public. Trente juges, choisis
dans les trois capitales du royaume, Héliopolis, Memphis et Thèbes (1), formaient un tribunal infiniment
respecté. Le roi fournissait à leur entretien, et leur
faisait jurer de ne pas lui obéir, s'il ordonnait une
sentence injuste. Les affaires se discutaient par écrit,
de peur que l'éloquence ne fît illusion. Le président
tenait une figure de la vérité, dont il touchait celui qui
gagnait sa cause; c'était un signe que la vérité seule
dictait les arrêts.

Parmi les lois des Egyptiens, quelques-unes sont
remarquables. On punissait l'adultère comme un crime
des plus nuisibles à la société; l'homme qui l'avait
commis recevait mille coups de verges, et l'on coupait
le nez à la femme.

Les soldats coupables de lâcheté, n'étaient punis
que par des marques d'infamie, parce que l'honneur
doit surtout animer les gens de guerre. Quiconque
avait pu sauver un homme attaqué par des meurtriers,
était puni de mort s'il ne l'avait pas sauvé, et la ville
la plus proche du lieu où se trouvait le cadavre, était
obligée de lui faire des obsèques dispendieuses, tant
les lois veillaient à la conservation des citoyens.

Les biens, et non la personne du débiteur, répon-
daient de la dette, ce qui empêchait les violences des
créanciers.

Une loi d'Amasis obligeait de déclarer tous les ans sa
profession et les moyens dont on subsistait; elle con-
damnait à mort ceux qui ne pouvaient prouver que
leurs moyens de subsistance étaient honnêtes. L'excessive sévérité de cette loi fait du moins sentir combien

Administra-
tion de la
justice.

Lois.

Punition
des soldats.

Paiement
des dettes.

Loi contre
l'oisiveté.

---

(1) Héliopolis était dans la BASSE Egypte, Memphis dans la MOYENNE,
Thèbes dans la HAUTE.

l'oisiveté, la fraude et les autres vices déshonorent l'homme, et le rendent indigne de vivre avec ses semblables.

Professions. Les professions étaient héréditaires, sans qu'il fût permis d'en jamais changer. On a prétendu que les Egyptiens en faisaient mieux toutes choses : mais il est certain que leur émulation devait en être moins forte, leurs progrès plus lents, et c'est la cause pourquoi ils n'ont rien perfectionné. Avec leurs lois si vantées, ils avaient de grands abus, comme le mariage entre frère et sœur, et la polygamie ou pluralité des femmes, permises à tous, excepté aux prêtres.

Religion. La religion si nécessaire pour maintenir la vertu, dégénéra parmi eux en superstition extravagante et funeste. Les premières idées d'un Dieu unique, à qui l'homme doit son amour et ses hommages, furent effacées par les fantômes de l'imagination et de la peur. Non-seulement on déifia des hommes, mais on adora des animaux (1).

Bœuf Apis. Le bœuf Apis, principale divinité, était un taureau noir, marqué de certaines taches. Le chat, le chien, le crocodile, etc., recevaient comme lui les honneurs divins. Tuer, même involontairement, un des animaux sacrés, était un crime puni de mort. Plutôt que d'y toucher dans une famine, les Egyptiens se mangeaient, dit-on, les uns les autres.

Culte. Ils ne s'accordaient point sur le culte. Là le crocodile était adoré, ici l'ichneumon, ennemi du crocodile ; là le mouton, ici la chèvre. Des querelles et des haines religieuses naissaient de cette différence.

---

(1) Ce témoignage de l'histoire dément l'assertion de ceux de nos philosophes qui ont prétendu que les peuples avaient été ramené du polythéisme au dogme de l'unité d'un Dieu, par le seul progrès des connaissances humaines. Le progrès, le perfectionnement même des lettres et arts chez les Égyptiens comme chez les Grecs et les Romains fut loin d'amener un résultat semblable.

On abhorrait quelques animaux comme immondes, surtout le porc; on abhorrait aussi la mer, par conséquent la navigation; on avait pour les étrangers une aversion superstitieuse, qui empêchait de manger avec eux, et même d'un mets qu'ils auraient coupé avec leur couteau.

Les prêtres avaient une idée plus juste de l'Être suprême : ils avaient une doctrine secrète, fort supérieure à la croyance du peuple; mais il ne la communiquaient qu'à un petit nombre de personnes, en les initiant à leurs mystères, et ils entretenaient la superstition commune, dont ils savaient profiter. Il n'appartient qu'à la vraie religion d'inspirer la vertu en dissipant les erreurs.

C'est aux arts et aux sciences que les Egyptiens doivent surtout leur célébrité. L'usage du fer, l'usage même du feu, ont été long-temps inconnus aux hommes. L'usage du pain l'est encore à la plupart des peuples. Combien ne faut-il donc pas admirer les auteurs de tant de précieuses découvertes! On attribuait à Osiris l'invention de la charrue : c'est un des plus grands services rendus au genre humain, puisque l'agriculture a fait naître la société civile.

Avant que les Hébreux fussent rassemblés en corps de nation, l'Egypte connaissait déjà les beaux-arts; on y voyait de fines étoffes, des vases ciselés; l'architecture y produisait des monumens d'une grandeur et d'une solidité prodigieuse.

Trois des anciennes pyramides subsistent encore. La plus grande a deux mille six cent quarante pieds de circuit, et cinq cents pieds de hauteur perpendiculaire. On raconte que cent mille ouvriers y travaillèrent trente ans de suite. Ces énormes édifices étaient des tombeaux, que des rois se faisaient construire par vanité, et par lesquels ils n'ont pas même sauvé leur nom de l'oubli.

Le lac Méris, destiné à recevoir les eaux du Nil,

Superstitions

Politique des Prêtres.

Célébrité des Egyptiens.

Arts.

Pyramides.

Lac Méris.

pour remédier à une trop grande ou à une trop petite inondation, fut un ouvrage plus digne de l'immortalité, puisqu'il servit au bien public. Il fut fait sous les rois pasteurs. Dans le palais d'Osymandias, un de ces rois, **Bibliothè-** était la plus ancienne bibliothèque du monde, avec **que.** cette inscription : *Remèdes de l'âme.*

Obélisques. Les obélisques font connaître aussi de quoi les Egyptiens étaient capables. Il y en avait plusieurs d'une seule pièce de cent quatre-vingt-dix pieds de haut : on en a transporté un à Rome beaucoup plus grand, que Sixte-Quint a rétabli. Ces ouvrages étonnans n'annoncent pas le goût du beau, mais le goût du gigantesque : les difficultés vaincues en faisaient le principal mérite (1).

Progrès dans les sciences. Les Egyptiens arpentaient les terres avec précision, distribuaient les eaux du Nil avec une infinité de canaux, mesuraient exactement la crue de ce fleuve, employaient toutes sortes de machines, connaissaient le cours des astres. Aussi leurs progrès dans quelques sciences ne sont point douteux. Ils divisèrent l'année en douze mois. Ce fut d'abord une année lunaire de 354 jours seulement : ils trouvèrent enfin la véritable année solaire de 365 jours et quelques heures (2). La géographie, ainsi que l'astronomie, furent l'objet de leur étude.

Momies. La superstition corrompait tout, même leur médecine. Comme ils faisaient dépendre le bonheur des

---

(1) Il n'est pas nécessaire à l'homme , ainsi que certains sophistes le prétendent, d'une longue série de siècles pour concevoir et exécuter de grandes choses. Ses premières idées lorsqu'il veut exercer son domaine sur la nature, sont grandes et colossales , et il est moins obligé de monter que de descendre pour arriver aux vraies proportions du bon goût dans les arts. Le premier jet du génie chez tous les peuples naissans est gigantesque. Témoins ces fameux monumens des Egyptiens; témoins encore ces monumens funèbres découverts dans les îles au Sud par nos derniers voyageurs. (A. JAUFFERT, RECH. DE LA RELIGION.)

(2) Voyez la note de la page 6.

morts de la conservation des cadavres, ils avaient un art merveilleux pour les embaumer; de sorte que leurs momies durent encore. Cependant, par une contradiction absurde, ceux qui faisaient l'operation, étaient en horreur après avoir touché aux cadavres, et prenaient la fuite.

L'écriture consistait d'abord en hiéroglyphes, c'est-à-dire en un grand nombre de figures, qui représentaient confusément les objets. Quand on connut les caractères alphabétiques, une des plus belles inventions de l'esprit humain, les prêtres conservèrent l'usage des hiérogliphes, afin de cacher leur science au vulgaire. *Écriture.*

Ce peuple célèbre a donc été trop vanté par ses admirateurs. Il avait des talens et des vertus pacifiques, un grand respect pour l'autorité paternelle, un attachement inviolable aux coutumes établies ; mais il était mou, lâche, superstitieux, esclave de ses préjugés, méprisant tout ce qu'il ne pratiquait pas, et dès-lors incapable de rien perfectionner. Les Chinois ressemblent beaucoup à cet égard aux Egyptiens. Quoique leur empire ait peut-être quatre mille ans, ils demeurent toujours au même point de connaissances imparfaites. *Jugement sur les Égyptiens.*

II.

Sur les Phéniciens.

La Phénicie, sur les côtes de la Méditerranée, était un pays stérile qui ne pouvait fournir à la subsistance de ses habitans. Le besoin rend industrieux; c'est l'origine des premiers arts, auxquels l'expérience, la réflexion et même les hasards, ont ajouté tant d'utiles découvertes. *Phénicie.*

De temps immémorial, les Phéniciens sentirent que la navigation devait leur procurer des ressources : profitant des avantages qu'offraient leurs ports et les *Ressources des Phéniciens.*

forêts du Mont-Liban, ils bravèrent tous les périls de la mer. Sans autre guide que les étoiles du pôle, ils étendirent prodigieusement leur commerce.

Colonies. Les îles de Chypre et de Rhodes, la Grèce, la Sicile, la Sardaigne, reçurent leurs colonies. Ils parvinrent jusqu'à l'Espagne, ils pénétrèrent dans l'Océan. Cadix devint leur entrepôt. Ils tiraient de la Bétique, en particulier, d'immenses richesses. Surchargés d'argent dans un voyage, ils furent obligés d'en mettre à leurs ancres, au lieu de plomb. Le commerce enfin les faisait jouir de tout ce que les autres peuples avaient d'utile et de précieux.

Navigation. Ils cachaient avec soin le secret de leur navigation, de peur qu'on en partageât le profit. Leur voyage autour de l'Afrique, dont nous avons parlé ailleurs, est d'autant plus admirable, que leurs vaisseaux ne pouvaient guère s'éloigner des côtes. La boussole rend facile aujourd'hui ce qui était alors presque impossible.

Teinture de pourpre. Le hasard procura aux Phéniciens leur précieuse teinture de pourpre. Un chien de berger, pressé par la faim, brise un coquillage; il en a la gueule teinte; cette couleur paraît admirable : on trouve le moyen de l'extraire de coquillages de la même espèce, et de l'appliquer aux étoffes; la pourpre est bientôt l'ornement des rois. Voilà comme le hasard peut contribuer aux découvertes de l'industrie.

Écriture. Une invention sublime, dont on fait honneur aux Phéniciens, c'est l'Écriture alphabétique, par laquelle les idées se transmettent si aisément. Leur alphabet semble avoir donné naissance à celui des Européens : car les lettres grecques en dérivaient, et de ces lettres sont venues celles des Latins, qui sont les nôtres. L'art de tout exprimer avec un petit nombre de caractères, pouvait seul accélérer les progrès des connaissances humaines.

Superstitions. Malgré leurs lumières et leur commerce, les Phéniciens eurent des superstitions, mais beaucoup moins que l'Egypte. On leur reproche d'avoir sacrifié des hommes à la Divinité, sacrifices exécrables, dont les exemples ont été communs dans plusieurs pays du monde.

Sidon fut leur première capitale. La fameuse Tyr devint ensuite plus florissante. Enfin Carthage, colonie de Tyr, fondée vers l'an 890 avant J.-C., surpassa la Phénicie en richesses et en puissance. *Villes capitales.*

La méchanceté de Pygmalion, roi de Tyr, fit en quelque sorte naître Carthage. Il avait tué l'époux de Didon, sa sœur, pour s'emparer de ses biens : Didon prit la fuite, emporta ses trésors, et alla fonder en Afrique cette ville qui devait un jour être la rivale de Rome. *Carthage.*

III.

Sur les Assyriens et les Babyloniens.

La Mésopotamie, située entre le Tigre et l'Euphrate, dans un des plus beaux climats du monde, devait être habitée par un peuple également ancien et célèbre. *Lieu de leur habitation.*

Selon la plupart des historiens, Babylone sur l'Euphrate, et Ninive sur le Tigre, furent les capitales de deux grands empires; mais on a lieu de croire que les Babyloniens et les Assyriens ne furent bientôt qu'un même peuple, et que ces deux noms se prenaient indifféremment l'un pour l'autre.

Si l'on en croit les historiens grecs, Ninus, après avoir fondé Ninive, dont l'enceinte est d'environ vingt-cinq lieues, va faire des conquêtes, suivi d'un million de combattans. Sémiramis, femme d'un de ses officiers, se distingue par des exploits héroïques : il l'épouse et lui laisse la couronne. *Ninus.*

Pour s'immortaliser, cette princesse construisit en peu d'années Babylone, plus grande que Ninive. Des murs où six chars peuvent aller de front, de magnifiques jardins suspendus, des prodiges d'architecture et de *Sémiramis.*

sculpture, le temple de Bélus renfermant une statue d'or de quarante pieds de haut, tout cela est l'ouvrage de Sémiramis. Elle fait bâtir d'autres villes; elle va conquérir des royaumes; elle marche contre le roi de l'Inde avec une armée innombrable; elle est vaincue et mise en fuite; elle meurt quelque temps après dans ses états. De pareilles histoires sont évidemment fabuleuses.

Rois.

On ne trouve aucun fait remarquable, dans un espace de plus de huit cents ans, jusqu'au voluptueux Sardanapale, roi d'Assyrie, qui, assiégé par les Mèdes, se brûla avec ses femmes. Contentons-nous de savoir que Nemrod, arrière-petit-fils de Noé, fonda Babylone, selon l'Écriture-sainte, et que les savans ne peuvent éclaircir les antiquités de cet empire.

Sciences des Babyloniens.

Les Babyloniens, ou plutôt les Chaldéens leurs prêtres, observaient soigneusement les astres sous un beau ciel; ils devinrent astronomes. Ils firent des progrès dans cette science; ils inventèrent les cadrans solaires. Mais ils s'attachèrent surtout à une science fausse et absurde, que la vraie religion a toujours proscrite. Ils prétendaient connaître l'avenir par l'inspection des astres, c'est ce qu'on appelle l'astrologie judiciaire. Ils en tiraient de grands avantages, puisqu'on se livrait par crédulité à tous leurs caprices. Ils établirent le culte des astres, qui furent les divinités du pays. Leur dieu Bélus était le soleil. Cette idolâtrie ne les empêchait pas de reconnaître un Dieu suprême, dont la connaissance ne parvenait point au peuple.

Arts, luxe.

Les arts florissaient de temps immémorial en Assyrie et à Babylone. Le luxe, la mollesse et la débauche y régnaient également. Mais cette corruption de mœurs devint surtout excessive, après la conquête de Babylone par Cyrus. La propagation des mauvaises doctrines en fut la principale cause; car souvent un faux savoir inspire plus de vices que l'ignorance. Il fit perdre aux femmes toute pudeur, et aux hommes tout sentiment de morale.

IV.

Sur les Mèdes et les Perses.

Au-delà du Tigre, la Médie et la Perse, la première au nord, la seconde au midi, s'étendaient dans un vaste pays entrecoupé de montagnes. Les Mèdes étaient soumis à l'empire des Assyriens, lorsque Sardanapale sacrifiant aux plaisirs tous les devoirs de la royauté, ils profitèrent de l'occasion pour se rendre libres. Ils furent d'abord sans chef, sans gouvernement, et la licence multiplia les désordres. Enfin, ils se donnèrent un roi, vers l'an 600 avant J.-C.

Déjocès les gouverna au commencement avec sagesse ; mais enivré de sa grandeur, ou voulant contenir ses sujets par la crainte, il devint extrêmement sévère : il se renferma dans un palais inaccessible ; il ne se laissa voir qu'aux officiers de sa maison, et c'était un crime capital, selon Hérodote, que de rire ou de cracher en sa présence. Il semblait ne vouloir régner que par la terreur. Etrange manière de gouverner les hommes !

Ecbatane, qu'il bâtit pour en faire sa capitale, avait sept enceintes de murailles élevées les unes sur les autres. Le faste asiatique devait y énerver en peu de temps le monarque et les sujets. L'éducation des princes ne fut confiée qu'à des femmes et à des eunuques : elle n'était donc propre qu'à inspirer la mollesse au lieu des vertus mâles dont les hommes, et surtout les princes, ont besoin pour ne pas se déshonorer. Aussi les Mèdes furent-ils bientôt assujettis par les Perses, qui conservaient encore les mœurs antiques.

La monarchie des Perses était une des plus anciennes du monde. Ils eurent long-temps des lumières et de la sagesse, une religion même sans idolâtrie. Ils connaissaient l'unité de Dieu. Le soleil qu'ils semblaient adorer, le feu sacré qu'ils conservaient soigneusement, n'étaient que des symboles de la puissance divine. Or ne voyait chez eux ni temples ni simulacres; ils disaient qu'on insultait la divinité en voulant la renfermer dans une enceinte de murs.

Mages.

Les prêtres, connus sous le nom de Mages, se rendaient respectables par la science, par des mœurs austères. Comme les prêtres égyptiens; ils avaient acquis trop de pouvoir; et, pour le maintenir, ils faisaient de leur science un mystère. Ils tenaient de Zoroastre, ancien législateur des Perses, la doctrine des deux principes, par laquelle ils expliquaient l'origine du mal. Le bon principe, Oromaze, était l'Être-Suprême, créateur de la lumière et des ténèbres. Ils appelaient le mauvais principe Arimane; ils le faisaient naître des ténèbres, et c'était l'auteur du mal (1).

Législation des Perses.

La législation punissait les vices, tels que l'ingratitude; elle inspirait l'amour de la justice, la haine du mensonge et de l'oisiveté, elle honorait l'agriculture; et le prince même se faisait un devoir de manger une fois l'an avec les laboureurs. Des lois si sages devaient rendre ce peuple aussi heureux que respectable. Il suffirait de dire à sa louange que le mensonge était à ses yeux une infamie.

---

(1) Quelques savans prétendent qu'Oromaze ou Orasmades et Arimane n'étaient que deux êtres secondaires, produits par le dieu suprême appelé le TEMPS SANS BORNE ou l'ETERNEL. Quoi qu'il en soit, à cet égard, de l'opinion des savans, ce qu'il nous importe d'établir, c'est qu'OROMAZE, dans l'opinion des Perses, devait triompher à la fin des siècles d'ARIMANE, et détruire de fond en comble son désastreux empire sur la terre. Remarquez que dans cette doctrine le nom d'ARIMANE, loin de rappeler à l'esprit des Perses des idées de respect et de vénération, ne leur présentait tout au contraire que ces idées de mépris et d'infamie. De là l'indignation des disciples de Zoroastre contre le mauvais principe ne leur permettait pas d'écrire son nom comme les autres noms. Ils l'écrivaient le plus souvent, les lettres ainsi à l'envers : ƎИAMIЯA (A. JAUFFRET, RECHERCH. DE LA RELIG., t. 1.).

On donnait aux enfans une éducation publique, propre à former des hommes sages et courageux. Jusqu'à l'âge de dix-sept ans ils étaient entre les mains de maîtres habiles, qui leur apprenaient tout ce que doivent savoir et pratiquer de bons citoyens. On ne pouvait être admis aux emplois sans avoir été nourri dans cette école. L'éducation même des princes était réglée, et consistait en exercices autant qu'en préceptes. *Éducation des enfans.*

Cyrus, roi de Perse, rendit cette monarchie très-célèbre et très puissante. Son règne est une grande époque, vers l'an 560 avant J.-C. Cependant, ni sa naissance, ni ses expéditions, ni sa mort, ne sont bien connues. Les anciens se contredisent sur tous ces points. *Cyrus.*

Dans Xénophon, c'est un héros vertueux ; dans Hérodote, c'est un conquérant ambitieux et injuste. Il fonda certainement un vaste empire. Son courage, son habileté, la discipline de ses troupes, leur armure qu'il perfectionna, lui procurèrent des succès rapides. Il défit Crésus, roi de Lydie, fameux par son opulence ; il s'empara de Babylone après un long siége, et rendit la liberté aux Juifs, captifs depuis soixante-dix ans ; il étendit sa domination jusqu'à l'Inde, d'une part, et de l'autre, jusqu'à la mer Caspienne et à l'Archipel. *Son caractère.*

Selon le récit d'Hérodote, Cyrus fut défait par Tomyris, reine des Messagètes, et périt dans cette bataille. Tomyris plongea sa tête dans un vase plein de sang : *Abreuve-toi de sang,* dit-elle, *puisque tu en as toujours eu soif.* Xénophon, au contraire, le fait mourir dans son lit, après un règne glorieux de trente ans. L'histoire ancienne est remplie de pareilles contradictions. *Sa fin.*

Ce qu'il importe de savoir, c'est que les conquêtes de Cyrus firent le malheur plutôt que le bonheur de son peuple. Les Perses s'amollirent dans le repos et les *Les Perses dégénèrent.*

richesses. Le roi lui-même se laissa corrompre par le luxe des Mèdes, il négligea l'éducation de ses fils ; il reçut avec orgueil des adorations serviles, et tout dégénéra sous ses premiers successeurs. Des eunuques, de vils esclaves eurent tout crédit dans le palais. Les Satrapes, gouverneurs des provinces, foulèrent les peuples impunement, et les rois ne pensèrent qu'à jouir.

Du despotisme. — Le despotisme s'établit dans cet empire. On nomme ainsi le gouvernement tyrannique d'un prince qui ne connaît d'autres lois que ses volontés particulières, qui se croit le maître absolu des biens et de la vie de ses sujets, qui les traite réellement en esclaves.

Cambyse. — Cambyse, fils de Cyrus, fut un monstre sur le trône. Il assassina, par jalousie, son frère Smerdis ; il épousa, au mépris des lois, sa propre sœur. Les juges, consultés pour la forme sur ce mariage incestueux, répondirent lâchement que la loi permettait aux monarques de faire tout ce qu'ils voulaient.

Comment il s'empara de l'Égypte. — Il entreprit sans raison la conquête de l'Egypte. On raconte que voulant prendre Péluse d'assaut, il mit au premier rang de ses troupes une multitude d'animaux sacrés pour les Egyptiens, et que ceux-ci, de peur de blesser leurs dieux, ne se défendirent point. Si c'est une fable, elle s'accorde du moins avec la superstition de ce peuple. Cambyse fit tuer leur bœuf Apis, renversa leurs temples, se rendit exécrable par ses excès. Il se flatta de conquérir de même l'Ethiopie, peuplée d'hommes robustes et belliqueux. Il y marcha en téméraire qui ne prend aucune précaution, et fut contraint de revenir honteusement. Une conspiration s'était formée contre lui en Perse. Il allait se venger, lorsqu'il mourut d'un accident, l'an 522 avant J.-C.

Son successeur. — Un mage avait usurpé la couronne, se donnant pour le prince Smerdis. On découvrit l'imposture, on le tua ; on mit à sa place Darius, fils d'Hystaspe. Celui-ci imita le despotisme et la témérité de Cambyse. Il attaqua les Scythes, nation pauvre, libre et indompta-

ble : il n'y gagna que la honte d'être repoussé. A la
nouvelle de son entreprise, ils lui envoyèrent, dit-on,
un oiseau, une souris, une grenouille et cinq flèches,
sans s'expliquer autrement. Un seigneur interpréta
ainsi leur pensée : « Si les Perses ne s'envolent comme
» les oiseaux, ou ne se cachent dans la terre comme
» les souris, ou ne s'enfoncent dans l'eau comme les
» grenouilles, ils n'échapperont point aux flèches des
» Scythes. » C'était l'usage en Orient d'employer des
figures allégoriques; mais il paraît que celle-ci fut
inventée après coup, pour répandre du merveilleux
dans l'histoire.

Nous verrons ce même Darius en guerre avec les
Grecs.

V.

Sur les Indiens.

L'Inde, partie méridionale de l'Asie, arrosée par
l'Indus et le Gange, est un des pays les plus riches en
productions de la nature. Outre les diamans et les
pierres de toutes espèces, on y trouve en abondance la
soie, le coton, le riz, le sucre, les épiceries, des fruits
délicieux, des animaux rares et utiles, tels que le cha-
meau et l'éléphant. Le climat est si chaud, qu'à peine
on y a besoin de vêtemens, et la terre si fertile, qu'à
peine on y a besoin de travail.

L'Inde, avec de tels avantages, devait être habitée
et policée avant la plupart des autres pays. Ses com-
mencemens se perdent dans l'obscurité des siècles.

Les Indiens étaient divisés en plusieurs classes ou
castes, qui ne se confondaient jamais ensemble. Il y
en avait une de *surveillans*, destinée à rendre compte
au prince de la conduite des autres. Celle des laboureurs jouissait d'une tranquillité favorable à l'agriculture; on ne les tirait jamais des campagnes pour les
employer ailleurs; on se faisait une loi de ne toucher

ni à leurs personnes ni à leurs biens. Celle des Brames ou Brachmanes avait la prééminence sur toutes les autres, parce qu'elle était dépositaire de la religion et de la science. Ils tirèrent leur nom de Brama, dont ils faisaient, ou un dieu, ou un génie du premier ordre. Leur autorité fut la même que celle des mages de Perse et des prêtres d'Egypte.

Des Brach-manes. Quelques-uns de ces Brachmanes excitaient l'admiration par l'austérité de leur vie. On les voyait se tenir debout au soleil le plus ardent, exercer leur corps à la douleur, mépriser la mort, et plus d'une fois se la donner à eux-mêmes avec une ostentation qui nous décèle l'un des motifs les plus puissans de leur suicide. Plusieurs ne portaient point d'habits; on les nomma, par cette raison, *Gymnosophistes.*

Doctrine sur la métemp-sycose. L'ancienne doctrine des Indiens est remarquable. Ils croyaient que le monde a commencé et qu'il finira; que Dieu le remplit de sa présence; que les premiers hommes, ayant abusés de leur bonheur, furent condamnés à vivre de leur travail; qu'après la mort ils se fait une métempsycose, c'est-à-dire que les âmes passent dans d'autres corps; qu'elles sont punies de leurs crimes en passant dans le corps d'animaux immondes et malheureux; que, purifiées par une suite de transmigrations et d'épreuves, elles se réuniront à leur origine pour jouir d'une éternelle félicité.

Progrès dans les sciences. Cette doctrine mettait un frein au vice; elle empêchait de manger les animaux. Les imaginations, échauffées par le climat et par la vie contemplative, enfantèrent dans l'Inde beaucoup de folies superstitieuses. Les femmes se firent un devoir de se brûler après la mort de leurs maris. On en voit encore aujourd'hui des exemples.

Les chiffres arabes, le jeu d'échecs, ont été probablement inventés par des Indiens. Ces inventions supposent beaucoup de génie. Du reste, en fait de sciences, et surtout d'astronomie, les Égyptiens et les

Chaldéens paraissent fort supérieurs. Dans l'Inde, on regardait la terre comme une surface plate, ayant au milieu une montagne, autour de laquelle tournent les astres. Tels sont les égaremens de l'esprit, quand il n'est pas éclairé par des études solides.

Fin de l'Histoire Ancienne.

CHAPITRE PREMIER.

Des temps fabuleux et héroïques.

Idée de l'histoire Grecque.
En considérant l'étendue médiocre de la Grèce, hab-tée par un nombre de petits peuples rivaux, on n'ima-ginerait pas que son histoire pût être beaucoup plu-intéressante que celle des grands empires de l'Asie-mais l'héroïsme de la liberté, les prodiges du courag-et de la vertu, les succès de la politique, les monumen-du génie et des beaux arts, ont rendu cette partie d-l'Europe si célèbre, qu'il serait honteux d'ignorer c-qu'elle a fait, ce qu'elle a produit. Son ancienneté-remonte trop loin pour être bien connue.

Division de la Grèce.
Ce pays se divisait en quatre parties principales-1°. la Grèce proprement dite, comprenant l'Etolie, l-Doride, la Phocide, la Béotie, l'Attique, et la Locride-2°. le Péloponnèse, où se trouvaient l'Achaïe, la Mes-sénie, l'Arcadie, la Laconie et l'Argolide; 3°. l'Epire-4°. la Thessalie. L'Isthme de Corinthe unissait le Pélo-ponnèse au reste de la Grèce.

Origine des Grecs.
Les Grecs furent au commencement des sauvage-presque sans société. Ils apprirent à se faire des cabane-et à se couvrir de peaux : voilà leurs premières décou-vertes. Ils vivaient d'ailleurs comme les bêtes, ne con-naissant pas même le mariage, n'ayant aucune idée de-police.

Leurs colonies.
Vers l'an 2000 avant J.-C., une colonie s'établit en-Grèce. Saturne, Jupiter, les autres Titans, adoré-depuis comme des dieux, en étaient probablement les-chefs; mais leur établissement n'eut rien de considéra-ble. D'autres étrangers vinrent à bout de rassembler

lles familles et d'en former des peuplades. Athènes, Argos, Sparte et Thèbes, fondées par eux, devinrent de petits états. Des tremblemens de terre, de terribles inondations, qui semblent avoir détaché du continent plusieurs îles, retardèrent les progrès de la société et la culture des mœurs. Des brigandages continuels y mirent encore plus d'obstacles.

Le fondateur d'Athènes fut Cécrops, égyptien. Il s'établit dans l'Attique l'an 1582 avant J.-C. Sa ville, nommée d'abord Cécropie, devait être un jour la patrie de tous les talens. Il y jeta les fondemens de la vie civile, par le moyen de la religion et du mariage. Il créa le tribunal de l'Aréopage, destiné à punir les meurtres; tribunal dont la réputation s'est soutenue avec tant d'éclat. Les jugemens s'y rendaient de nuit, en plein air, sur la simple exposition du fait, et ne furent jamais taxés d'injustice. *[marginal: Fondation d'Athènes.]*

Danaüs, autre égyptien, introduisit l'agriculture et quelques arts dans son royaume d'Argos. Cadmus, phénicien, peupla Thèbes dans la Béotie, y fit connaître la culture de la vigne, l'art de travailler les métaux, et même l'écriture alphabétique. *[marginal: Danaüs. Cadmus.]*

Ainsi la Grèce recevait tout des étrangers. Passionnée pour les fables, elle donna une origine sacrée à ces inventions humaines; elle supposa des dieux qui en fussent les auteurs. On découvre cependant parmi tant de fables une vérité importante; c'est que les préjugés de la barbarie opposèrent de grands obstacles aux plus utiles inventions. Triptolème, par exemple, risqua d'être mis en pièces, parce qu'il enseignait le labourage, et Bacchus essuya les mêmes périls en établissant la culture de la vigne : tant l'ignorance rend les hommes aveugles et injustes! *[marginal: Obstacles à l'agriculture.]*

Peu de temps après Cécrops, et après le déluge, qu'on appelle de Deucalion, les Grecs sentirent du moins l'avantage de se réunir pour la sûreté commune. Ils avaient autant de rois que de peuplades · ils étaient *[marginal: Amphictions.]*

continuellement en guerre les uns avec les autres,
n'auraient pu se défendre contre un ennemi étrang
Douze des principales villes formèrent enfin une co
fédération, qui seule pouvait remédier à tant de mau
Leurs députés devaient se rendre deux fois l'an a
Thermopyles. Ils y formaient un conseil où se jugeai
les différends. Si des rebelles refusaient l'obéissanc
leurs décrets, on employait contre eux la force c
armes. Cette assemblée s'appelait le conseil des A
phictyons, du nom de son instituteur.

Respect pour eux. La défense du temple de Delphes, fameux par l'o
cle d'Apollon, était spécialement commise à ses soi
Les motifs de religion rendaient sacré un établissem
qui devait produire les plus grands biens, en faisa
éprouver qu'autant la discorde est funeste aux ho
mes, autant l'union leur est salutaire.

Antiquité fa-buleuse. La guerre de Thèbes, où sept rois se liguère
contre Etéocle; l'expédition navale des Argonau
dans la Colchide pour enlever la toison d'or; la guer
de Troye, dans laquelle toute la Grèce était unie po
venger l'injure d'un Grec, prouve que la nation acqu
rait de la politique et des forces. Nous ne devons po
nous arrêter au récit de ces événemens, puisque to
y est altéré par des fables, et qu'ils appartiennent à
mythologie plutôt qu'à l'histoire. Il suffit de savoir q
l'époque de la prise de Troye est l'an 1209 avant J.-

Tandis que les demi-dieux et les héros grecs
signalaient contre les Troyens, leur absence de d
années occasionna en Grèce beaucoup de désordres
de brigandages. Environ quatre-vingts ans après, l
Héraclides, descendans d'Hercule, qu'on avait chass
du Péloponnèse, y rentrèrent les armes à la main;
s'emparèrent de Mycènes, de Sparte, d'Argos, et r
pandirent la terreur de tous côtés.

Colonies grecques. Alors des colonies grecques passèrent la mer, s'é
blirént dans les îles et sur les côtes de l'Asie-Mineur
On distingue surtout celle des Ioniens, des Eoliens

des Doriens. La tranquillité et l'abondance dont elles jouirent, favorisaient la culture des talens. Homère les illustra par ses deux poèmes épiques, l'Iliade et l'Odyssée. Il vivait environ trois cents ans après la guerre de Troye. Il fait époque dans l'histoire de l'esprit humain, la plus instructive de toutes.

Depuis long-temps Minos, roi de Crète, que les poètes font juge des enfers, s'était dit inspiré pour établir des lois nouvelles; mais ces lois se rapportaient principalement à la guerre, et n'empêchèrent point les troubles ni les discordes civiles. Les Crétois furent de braves guerriers, mais des citoyens turbulens. Il était réservé à d'autres Grecs de laisser à la postérité des modèles de législation.

Les mœurs des temps héroïques de la Grèce furent simples et grossières, comme celles de tous les barbares. Homère nous en a tracé le tableau. Ces rois, qu'on se figure si puissans, avaient peu d'autorité, et n'avaient presque aucun appareil de grandeur. Ils tuaient eux-mêmes les pièces de bétail qui servaient à leurs festins, ils les dépouillaient, les coupaient, les faisaient griller. On voit dans l'Iliade Agamemnon servir le dos d'un bœuf à Ajax. Ils ne savaient que se battre, sans aucune idée de la science militaire. Le droit du plus fort était leur suprême loi. Féroces dans les combats, ils ne l'étaient pas moins dans la victoire, et leurs prisonniers, fût-ce des princes ou des princesses, essuyaient les plus indignes traitemens. Ils avaient une avidité extrême pour le pillage; le butin se partageait entre les chefs et les soldats : ceux-ci ne recevaient pas d'autre paye.

Faut-il s'étonner des injures que ces héros se disaient publiquement? Les dieux d'Homère s'en disent de pareilles, et montrent les mêmes vices que les hommes. La religion des Grecs déshonorait donc la divinité. Quoi de plus absurde que leur mythologie? Quoi de plus superstitieux que leur crédulité pour les oracles,

dont les réponses ambiguës décelaient la fourberie d
leur auteur? Ils croyaient à la vie future, et ce dogn
annonce beaucoup de sagesse. Mais la manière dont i
se figuraient l'Elysée et le Tartare, choquait trop
raison pour produire de solides avantages.

Jeux. Ce fut d'abord un très-bon établissement que cel
des jeux de la Grèce. Différentes espèces de courses
de combats, la lutte, le pugilat, le pancrace y formaie
le corps, lui donnaient de l'agilité de l'adresse et d
la vigueur, le préparaient à tous les travaux militaire
L'émulation y était excitée, uon par l'intérêt, ma
par la gloire; une couronne de feuilles, les applaudi
semens et la renommée, paraissaient un prix infinime
préférable à la fortune. Ces jeux rassemblaient l
Grecs, suspendaient leurs discordes. Toute hostilit
cessait entr'eux pendant qu'on les célébrait. Goûtar
alors les mêmes plaisirs, ils devaient sentir les douceu
d'une paisible union; ils devaient souhaiter de l'entre
tenir. Le culte qu'ils rendaient à leurs dieux, le réc
pompeux des exploits de leurs héros, l'enthousiasm
naturel à leur imagination ardente, tout élevait l
âmes dans de pareilles assemblées.

l'esprit de ces jeux. Mais ces jeux dégénérèrent avec le temps en amus
mens frivoles et ruineux. Des athlètes, entretenus
grands frais, prirent la place des citoyens. On se f
une folle vanité d'avoir des chevaux qui remportasse
les prix pour leurs maîtres. La fureur des spectacle
étouffa l'amour du bien public. Nous verrons les abu
Olympiques. qu'elle produisit. Les jeux Olympiques, célébrés tou
les quatre ans près d'Olympie dans le Péloponnèse
étaient les plus célèbres de tous. Les Olympiades, qu
étaient de quatre années, d'une de ces fêtes à l'autre
servirent de dates pour les faits. La première com
mence en 776 avant J.-C. Il y en avait eu d'antérieu
res, mais qui ne sont point connues dans l'histoire.

CHAPITRE II.

De Sparte et des Lois de Lycurgue.

Une révolution presque générale avait changé l'état Grèce libre.
de la Grèce. Naturellement inquiets et jaloux de la
liberté, les Grecs s'affranchirent de la domination de
leurs princes, qui sans doute les gouvernaient mal.
Presque tous ces petits royaumes devinrent des républiques. La licence y régna long-temps; mais il ne
fallait que de bonnes lois pour y faire briller la vertu
et l'héroïsme.

Sparte, dans le Péloponnèse, nommée aussi Lacédémone, en donna le premier exemple. Elle conservait Gouverne-
ses rois, descendans d'Hercule, parce qu'elle respectait ment de
leur origine. Depuis environ neuf cents ans, deux Sparte.
princes de la race des Héraclides occupaient conjointe-
ment le trône. Ce partage de la royauté perpétuait les
dissentions. Un grand législateur pouvait seul les
terminer.

On le trouva dans Lycurgue, fils du roi Eunome, Lycurgue.
qui avait été tué dans une émeute. Son frère aîné,
successeur de ce roi, mourut sans enfans, et laissa une
femme enceinte. Lycurgue lui aurait succédé pour
toujours, s'il eût été capable d'un crime. Sa belle-sœur
lui offrait de faire périr son fruit, à condition qu'il
l'épouserait. Indigné de cette offre, il dissimula, et
gagna du temps jusqu'aux couches de la reine. Elle
accoucha d'un fils, dont il prit le plus grand soin.
Après avoir gouverné quelque temps comme son tu-
teur, exposé à d'injustes soupçons, il alla en Grèce, en Ses voyages.
Ionie, peut-être même en Egypte, pour étudier les
mœurs et les lois de ces pays. On ne pouvait guère
s'instruire alors que par les voyages.

Comme les désordres se multipliaient en l'absence Son rappel.

de Lycurgue, on le pressa de venir y remédier.
revint, et pour couper la racine du mal, il conçut
projet hardi de refondre le gouvernement. Il se cr
inspiré, ou plutôt le fit accroire.

L'oracle de Delphes l'ayant annoncé comme le pl
grand des législateurs, les esprits étaient dispos
à une entière obéissance. Cependant il ne négligea p
les moyens qui forcent à se soumettre.

Sa réforme dans le gouvernement.

Les principaux Spartiates, approuvant ses proje
de réforme, prirent les armes au moment de l'exéci
tion, et personne n'osa résister. La royauté subsist
mais avec peu de pouvoir. Un sénat fut établi poi
examiner et proposer les affaires. Le peuple assemb
devait approuver ou rejeter les propositions du séna
Les sénateurs, au nombre de vingt-huit, étant perp
tuels, avaient beaucoup d'autorité. Ils balançaient
pouvoir des deux rois et celui du peuple.

Ephores.

Pour les contenir eux-mêmes dans de justes borne
on établit cinq magistrats annuels au choix du peupl
et on leur donna le droit de casser, d'emprisonner, c
punir même de mort les membres du sénat. Leur jui
diction s'étendit même sur les rois. Ces magistra
redoutables se nommaient Ephores. Quelques écrivai
attribuent leur établissement à Lycurgue; d'autre
avec plus de vraisemblance, le croient postérieur d'ei
viron 13o années.

Réforme des mœurs.

Le chef-d'œuvre de Lycurgue fut de cimenter l
lois par les mœurs. Il voulait faire de Sparte comn
une seule famille, où tous les citoyens travaillassent c
concert au bien public, et fussent tout entiers à
patrie. Pour cela il fallait bannir la pauvreté et l
richesses; car l'inégalité qu'elles mettent entre l
hommes, est une source de discorde ainsi que de co
ruption. Il fit donc un partage égal des terres, il pro
crivit l'or et l'argent, tout art de luxe, tout ce qu
n'est pas absolument nécessaire à la vie; une monnai
de fer, extrêmement lourde, fut la seule monnai

reçue. Les richesses devenant impossibles, la cupidité s'éteignit.

Tous les citoyens, même les rois, mangèrent à des tables publiques, dont l'extrême frugalité n'excluait pas les vrais plaisirs de la nature. On s'y entretenait agréablement de choses utiles; on y employait une raillerie fine et honnête, pour corriger les défauts; on passait de là aux conversations les plus sérieuses, aux exercices militaires, à des jeux qui fortifiaient le corps et nourrissaient l'amour de la gloire.

De tels établissemens auraient été chimériques dans un État considérable ou dans un siècle de mollesse; mais on ne comptait que trente-neuf mille citoyens, neuf mille à Sparte, le reste à la campagne; et l'antique simplicité des mœurs subsistait encore.

C'est par l'éducation surtout que le législateur fit des héros. Les enfans étaient élevés pour la république. Dès le berceau on les rendait robustes et courageux. Les nourrices ne les garrottaient pas de langes; elles les accoutumaient à ne rien craindre dans les ténèbres, et à ne se plaindre que par nécessité. A l'âge de sept ans, des maîtres publics les exerçaient au travail, à la patience, à la fatigue, à l'obéissance la plus prompte, et les formaient tous aux mêmes habitudes, parce qu'ils étaient nés pour remplir les mêmes devoirs. Ceux qui se distinguaient davantage commandaient aux autres, mais sous les yeux des vieillards, toujours prêts à les reprendre et à les corriger.

On admettait les enfans aux repas communs, pour qu'ils profitassent des discours que l'on y tenait. On les interrogeait souvent sur les choses les plus importantes : *Que pensez-vous de cette action? Que pensez-vous de cet homme?* On exigeait qu'ils répondissent promptement, en peu de mots et d'une manière judicieuse. Par là ils contractaient l'habitude du *laconisme*, c'est-à-dire d'un langage précis et nerveux, plein de raison et de noblesse. Si on les

obligeait à dérober leur nourriture, si on les chât
sévèrement lorsqu'ils se laissaient surprendre, c'é
pour les accoutumer aux ruses de la guerre, à la vi
lance et aux périls. L'idée du vol n'entrait point d
cette coutume, puisqu'elle était autorisée par les lo

Toute science purement spéculative, ainsi que t
art de luxe, était interdit aux Spartiates. Ils aimèr
cependant la poésie, mais comme un moyen d'échauf
l'âme et de l'exciter aux actions héroïques. Voici u
de leurs chansons, traduite par Amiot, précepteur
Charles IX :

CHOEUR DES VIEILLARDS :

Nous avons été jadis
Jeunes, vaillans et hardis.

CHOEUR DES JEUNES GENS :

Nous le sommes maintenant,
A l'épreuve, à tout venant.

CHOEUR DES ENFANS :

Et nous un jour le serons,
Qui tous vous surpasserons.

Lycurgue étendait ses vues sur l'éducation d
femmes, dont les mœurs ont tant d'influence sur cel
des hommes. Il fit en sorte qu'elles acquissent d
vertus mâles, avec une force de corps qu'elles puss
transmettre à leurs enfans. Il les assujettit en partie a
exercices violens pratiqués à Sparte. Les filles s'ex
çaient à la lutte dans les jeux. Les femmes fur
long-temps des prodiges de vertu. Aussi étaient-el
infiniment respectées des hommes. L'empire qu'el
avaient sur eux ne tendait qu'à inspirer l'héroïsm
Une mère dit à son fils, pour le consoler d'une blessu
qui le rendait boiteux : *Va, mon fils, tu ne pe
plus faire un pas qui ne te fasse souvenir de
valeur.* Des lois sévères modéraient le commerce d
deux sexes. Loin d'amollir et de corrompre, l'amo
ne devait être qu'un encouragement aux devoirs l
plus pénibles.

On méprisait le célibat, parce qu'aucun motif reli- Mépris du célibat.
gieux ne les empêchait de sentir le besoin de multiplier
les citoyens. Un jeune homme, dédaignant de se lever
devant un illustre capitaine célibataire, lui dit pour
raison : *Tu n'as point d'enfans qui puissent un jour
me rendre cet honneur, et se lever devant moi.*

Enfin, le grand objet de Lycurgue fut de faire de Vues de Ly-
ses Spartiates autant de guerriers invincibles. Il voulut curgue par
qu'ils vécussent toujours comme dans un camp; que la rapport à la
guerre devînt pour eux, en quelque manière, un guerre.
temps de repos; qu'ils marchassent gaiement au combat, et s'imaginassent avoir un dieu à leur tête. Ce
courage pouvait les rendre ambitieux. Il le prévit; il
tâcha de prévenir ce malheur. Persuadé qu'ils ne
seraient heureux qu'en se contentant de leur liberté,
de leur pauvreté, il ordonna qu'on ne ferait la guerre
que pour se défendre; qu'on ne poursuivrait point
l'ennemi vaincu, qu'on n'enlèverait point ses dépouilles; qu'on n'aurait point de flotte, afin de ne pas être
tenté de courir la mer.

Malgré de si sages réglemens, Sparte ne put se Effets de ses
garantir de l'ambition. Mais elle conserva plusieurs réglements.
siècles son gouvernement avec ses mœurs, ce qui est
un véritable prodige dans l'histoire. Encore plus esti-
mée que redoutée de ses voisins, elle fut l'arbitre de
la Grèce tant qu'elle mérita de l'être. On peut juger
des sentimens de ses citoyens, en général, par le trait
d'un certain Pédarère, homme de mérite. Il n'avait pas
été admis dans le conseil composé de trois cents membres. Loin de s'en plaindre, il témoigna sa joie de ce
que *Sparte avait trouvé trois cents citoyens meilleurs que lui.*

Les vertus des Spartiates avaient un mélange d'atro- Caractère de
cité. Ils faisaient périr les enfans infirmes dont ils n'es- la vertu des
péraient pas de tirer un jour les services ordinaires. Spartiates.
Pour accoutumer les autres à la douleur, ils les déchiraient de coups de verges sur l'autel de Diane, quel-

quefois jusqu'à la mort. Ils traitaient les Ilotes ou Hélotes, leurs esclaves, de la manière la plus révoltante pour la nature; et lorsque leur population devenait assez considérable pour leur faire craindre de leur part quelque révolte, ils se croyaient suffisamment autorisés à les prévenir par des massacres partiels et clandestins. En un mot, ils ne connurent point cette modération qui caractérise la vraie sagesse; et en méritant d'être admirés à certains égards, ils méritèrent souvent d'être haïs.

Leur culte. Moins superstitieux que les autres Grecs, les Spartiates avaient un culte conforme à leur gouvernement. Les statues de leurs divinités, même de Vénus, étaient couvertes d'une armure, pour qu'elles inspirassent le courage militaire. Les sacrifices et les offrandes étaient de peu de valeur, pour éviter en tout les dépenses inutiles. On ne faisait que des prières fort courtes, et l'on priait seulement les dieux d'êtres favorables aux gens de bien. La simplicité des funérailles contribuait à faire mépriser la mort.

Temple à la Crainte. Pourquoi donc y avait-il un temple consacré à la Crainte? C'est que les Spartiates regardaient la crainte comme nécessaire dans le gouvernement politique. *Les plus timides à l'égard des lois*, dit Plutarque, *sont les plus courageux contre les ennemis; et ceux-là craignent le moins de souffrir, qui craignent le plus d'être blâmés.* Telle fut cette fameuse législation établie par Lycurgue environ 900 ans avant J.-C. La durée de son ouvrage prouve qu'il lui avait donné de solides fondemens. L'amour de la gloire et de la patrie, le courage héroïque, l'obéissance aux lois, de grandes vertus enfin distinguaient les Spartiates. L'histoire est pleine de traits sublimes de leur caractère.

Fin de Lycurgue. Lycurgue pensa aux moyens d'affermir ses lois. Pour les rendre inviolables, il alla, dit-on, consulter l'oracle de Delphes, après en avoir fait jurer l'observation jusqu'à son retour : l'oracle ayant déclaré que

Sparte, en les observant, deviendrait la plus illustre ville du monde, il se laissa mourir de faim ; ainsi les Spartiates demeurèrent liés par leur serment. C'est un exemple du merveilleux, que les anciens ont trop mêlé à l'histoire, et que les modernes ont trop souvent copié.

Environ 200 ans après Lycurgue, il y eut deux guerres cruelles entre les Spartiates et les Messéniens. Ceux-là furent plus d'une fois vaincus, mais finirent par réduire leurs ennemis en servitude. Selon les anciens, l'oracle leur avait ordonné, après une défaite, de faire venir d'Athènes un général : les Athéniens leur envoyèrent, comme par insulte, le poète Tyrthée, boiteux, méprisé dans sa patrie ; et ce ridicule général leur procura la victoire en les remplissant d'enthousiasme. Ce qui mérite davantage d'être observé, c'est que Lacédémone perdait déjà cette modération dont Lycurgue avait voulu faire une de ses vertus.

Guerre de Sparte avec les Messéniens.

CHAPITRE III.

Athènes et les lois de Solon.

L'ATTIQUE, pays des Athéniens, était une contrée stérile, qui ne pouvait devenir florissante que par le génie de ses habitans. L'olivier, sa principale ressource, passa pour un don précieux de Minerve. Elle fut long-temps divisée en douze bourgades indépendantes. Vers le temps de la guerre de Troye, Thésée les réunit en un corps de peuple, et forma une espèce de république, dont la capitale était Athènes. Il distribua les citoyens en trois classes, nobles, laboureurs et artisans. Les premiers, possédant toutes les dignités, avaient le plus de pouvoir, quoique moins nombreux.

Idée de l'Attique.

Après la mort du roi Codrus, vers l'an 1095 avant Jésus-Christ, une querelle entre ses deux fils décida

Abolition de la royauté.

les Athéniens à s'affranchir de la royauté. On décla[r]
Jupiter seul roi d'Athènes. On confia le gouverneme[nt]
à des magistrats nommés Archontes. Pendant tro[is]
siècles, cette magistrature fut perpétuelle et héréd[i]
taire, par conséquent, peu différente de la puissan[ce]
royale. On en réduisit la durée, d'abord à dix ans, e[n]
suite à un; et l'on créa neuf Archontes, afin que l'aut[o]
rité, partagée entre plusieurs, fût moins redoutabl[e]

Premier législateur, et effet de ses lois. Athènes manquait de lois écrites : on en sentait [le]
besoin; on choisit pour législateur, Dracon, homm[e]
vertueux, mais trop sévère. Il ordonna des pein[es]
capitales pour tous les délits sans exception. Ses lo[is]
sanguinaires, que cet excès de rigueur rendait impra[c]
ticables et funestes, tombèrent bientôt d'elles-même[s]

Division du gouverne- ment. Alors les Athéniens se livrèrent plus que jamais à [la]
licence; tous veulent changer la forme du gouverne[r]
ment au gré de leurs différens intérêts. Les pauvr[es]
demandent une *démocratie*, où la multitude gouve[r]
ne ; les riches, une *aristocratie*, où quelques princi[i]
paux citoyens soient les chefs de l'Etat; les plus sage[s]
un gouvernement mixte, où les pouvoirs soient balan[i]
cés. Le mérite de Solon attirant une confiance générale[,]
on s'adresse à lui pour régler la république.

Solon. Distingué par sa naissance, il l'était davantage pa[r]
ses lumières et ses vertus. L'étude et les voyage[s]
l'avaient rendu un des hommes les plus habiles de so[n]
siècle. Il joignait à des mœurs douces le zèle du bie[n]
public, et un désintéressement qui lui fit refuser l[a]
couronne. Ses lois furent cependant imparfaites, parc[e]
que les Athéniens, disait-il, ne pouvaient en recevoi[r]
de meilleures.

Pouvoir du peuple et du sénat. Le peuple eut le pouvoir suprême ; les principau[x]
citoyens furent mis en possession des magistratures[.]
Mais la nouvelle constitution ne laissa point aux magi[s]
trats une autorité suffisante pour contenir le peuple[.]
Dans les assemblées publiques, où les grandes affair[es]
se décidaient, où l'on appelait même des jugemens d[u]

sénat, chaque Athénien eut droit de suffrage. Ainsi, une population aveugle pouvait décider de tout par la pluralité des voix.

Le sénat, composé de quatre cents personnes, qu'on augmenta dans la suite de deux cents, était trop nombreux pour délibérer avec sagesse; il avait aussi trop peu d'ascendant sur la multitude. Les assemblées ordinaires du peuple se tenaient presque tous les huit jours. Chaque citoyen, âgé de cinquante ans, pouvait y haranguer. Les talens d'un orateur séditieux et corrompu, pouvaient donc y triompher aisément de la prudence des sénateurs : *J'admire*, disait le Scythe Anacharsis à Solon, *que chez vous les sages aient seulement le droit de délibérer, et que celui de décider appartienne aux fous.* Ce fut en effet une source de malheurs; mais Solon avait été contraint par les circonstances de ménager tous les partis.

Il établit du moins l'autorité de l'Aréopage, fort déchue depuis Dracon, et il le composa uniquement d'anciens Archontes. Ce tribunal eut l'inspection sur les affaires publiques et sur l'éducation de la jeunesse : car on sentait alors que la prospérité d'un Etat dépend beaucoup de la manière dont la jeunesse est élevée.

Solon fit plusieurs lois particulières, qu'il importe de connaître. Tout homme convaincu d'oisiveté, devait être noté d'infamie après la troisième accusation. Un fils dissipateur, ou qui refusait la subsistance à ses parens, était sujet à la même peine; mais si le père ne lui avait point fait apprendre de métier, le fils était dispensé de cette loi. Une femme ne devait apporter à son mari que trois robes et des meubles de peu de valeur, de peur que les dots n'appauvrissent trop de familles. Un citoyen qui fréquentait des femmes de mauvaise vie, était exclu de la tribune aux harangues, comme indigne de la confiance publique. Il y avait peine de mort pour un archonte coupable d'ivresse.

On défendit les emprisonnemens pour dettes. On

Inconvéniens du nouveau gouvernement.

Établissement de l'Aréopage.

Lois civiles de Solon.

Autres lois.

permit de disposer par testament de ses biens au défa[ut]
d'enfans. On ordonna que les enfans, dont les pèr[es]
auraient péri dans les combats, seraient élevés a[ux]
frais de la république. On régla que dans les émeu[tes]
ou factions violentes, chaque citoyen serait obligé [de]
prendre parti, afin que les plus sages rétablissent [le]
calme et le bon ordre. On mit des bornes à la dépen[se]
des femmes, à celle des funérailles et des cérémoni[es]
religieuses.

Ostracisme. — Des étrangers furent admis dans Athènes, mais excl[us]
du gouvernement. Ce qu'on appelait *ostracisme*, f[ut]
un frein à l'ambition des citoyens. Ceux qui devenaie[nt]
suspects par trop de crédit ou de puissance, s'il y av[ait]
six mille suffrages contre eux dans l'assemblée du pe[u-]
ple, étaient bannis pour dix ans, mais sans aucun[e]
flétrissure. Nous verrons les plus illustres personnag[es]
subir cette peine.

Caractère des Athéniens. — Avec beaucoup d'esprit, les Athéniens avaient u[n]
fond de légèreté et d'inquiétude, également propre[s à]
leur faire commettre des fautes énormes et à leur fai[re]
oublier des services essentiels. Quand le mérite blessa[it]
leurs yeux, ils l'éloignaient par l'ostracisme; ils [le]
regrettaient ensuite, le rappelaient, l'employaien[t]
et recommençaient leurs injustices à la premiè[re]
occasion.

Solon, législateur d'Athènes. — C'est l'an 594 avant J.-C. que Solon devint le légis[la-]
lateur d'Athènes. Il éprouva lui-même la difficulté d[e]
soumettre aux lois ce peuple volage. On lui demanda[it]
sans cesse des changemens à ce qu'il venait d'établi[r.]
Il se dégoûta; il voulut se retirer; on lui permit d[e]
s'absenter pour dix ans.

Effets de son absence. — Son absence fit éclore le germe d'une révolutio[n.]
Pisistrate, son parent, riche, généreux, populaire[,]
possédant l'art d'éblouir et de tromper, aspirait secr[è-]
tement au pouvoir suprême. L'ambition ne rougit poi[nt]
de la fourberie. Un jour il se blessa de sa propre mai[n,]
se montra en public couvert de sang, réclama la pro[-]

tection du peuple, se disant assassiné par les ennemis du peuple même. Il obtint une garde pour la sûreté de sa personne : il s'en servit pour s'emparer de la citadelle et pour établir sa domination.

Le législateur, qui était revenu de ses voyages, s'efforça en vain de ranimer l'amour de la liberté. Pisistrate lui demandant ce qui le rendait aussi audacieux ; il répondit : *ma vieillesse.* L'étude fut jusqu'au tombeau sa plus douce consolation. *Je vieillis, disait-il, en apprenant toujours de nouvelles choses.* Il mourut dans un âge très-avancé.

Son retour.

Un usurpateur de la souveraineté ne pouvait se maintenir que très-difficilement dans une ville aussi turbulente qu'Athènes. Pisistrate fut contraint deux fois de s'enfuir. Il recouvra sa puissance par adresse, et il sut la conserver par sa politique. En fixant les habitans de la campagne à la culture des terres, il les tint éloignés des cabales. Ces hommes inquiets devinrent moins attentifs au gouvernement qu'au produit de leurs travaux : les terres incultes furent défrichées ; le cultivateur en paya le dixième pour les besoins de l'Etat, mais la tranquillité dont il jouit le consola de l'impôt.

Comment Pisistrate affermit son pouvoir.

En même temps Pisistrate excitait le goût des arts et des lettres. Il fit connaître aux Athéniens les poésies d'Homère ; il leur forma une bibliothèque ; il éleva de superbes édifices. Des nouveautés si intéressantes fixèrent les esprits, adoucirent les âmes, et rendirent le joug presque insensible, peut-être même agréable.

Excite le goût des arts et des lettres.

Peu de rois ont mieux connu que Pisistrate le secret de gouverner un peuple indocile. Ses deux fils, Hipparque et Hippias, qui partagèrent l'autorité après sa mort, étaient dignes de le remplacer, mais le premier fut la victime de l'inimitié de deux citoyens. Aristogiton et Harmodius l'assassinèrent : le second, irrité par ce meurtre, devint cruel et se rendit odieux. On le chassa comme un tyran ; on rétablit le gouvernement populaire ; on ne respira plus que la liberté.

Ce qui arriva après sa mort.

Enthousias-
me de la li-
berté.

Quelques traits frappans contribuèrent beaucoup à enflammer l'enthousiasme. Aristogiton, mis à la torture par ordre d'Hippias, nomma pour ses complices plusieurs amis du tyran, qui aussitôt les fit mourir. *Je ne connais plus que toi digne de mort,* dit-il ensuite au tyran. Une femme nommée Léœna, subit de même la question, et se coupa la langue avec ses dents, de peur que la douleur ne lui arrachât quelque aveu.

Hippias.

Sparte, qui avait d'abord secouru les Athéniens, prit les armes en faveur d'Hippias. Elle commençait à être jalouse de leur puissance : elle craignait qu'ils ne lui disputassent un jour la supériorité dont elle jouissait dans la Grèce, et l'ambition de dominer la rendait injuste. Voici le temps où ces deux petites républiques vont acquérir une célébrité prodigieuse. Si elles différaient trop de caractère et de mœurs pour être sincèrement unies, elles avaient l'une et l'autre de quoi fixer l'admiration par de grandes choses.

Comparai-
son de Sparte
et d'Athènes.

Sparte, avec ses vertus rigides, dévouée uniquement à la guerre, semblait avoir autant de héros que de citoyens; elle ne permettait d'autre occupation que les armes et les affaires publiques : ses magistrats et ses généraux n'avaient qu'à commander pour être obéis; enfin ses lois, ses principes de gouvernement demeuraient inviolables au sein de la pauvreté. Au contraire, Athènes excitait l'industrie, le commerce, les talens; elle devenait riche, prenait le goût des plaisirs, se laissait entraîner souvent par le caprice et la passion; mais ces citoyens aimaient la gloire et la patrie : quoique libres dans leurs occupations particulières, ils devaient tous être soldats dans les besoins de la république : ils étaient braves autant que spirituels; ils pouvaient se faire craindre aussi bien que se faire aimer. Tels furent les Spartiates et les Athéniens qui ont immortalisé la Grèce. Si les premiers avaient eu de la modération, si les autres n'avaient pas eu trop de licence, ils auraient dû servir de modèle à tous les peuples.

CHAPITRE IV.

Les Perses attaquent la Grèce et sont vaincus par Miltiade.

Darius, fils d'Histape, possédait le vaste empire fondé par Cyrus. Il voulut l'étendre jusqu'en Europe, et se venger d'Athènes, qui avait envoyé du secours aux Ioniens soulevés contre lui. Cette colonie grecque, de l'Asie mineure s'était adressée inutilement aux Spartiates. Un motif particulier intéressait les Athéniens en sa faveur. Le roi de Perse ayant reçu Hippias, et projettant de le rétablir, leur paraissait un ennemi d'autant plus digne de leur haine, qu'ils se livraient à tout l'enthousiasme de la liberté. Cependant l'Ionie fut bientôt réduite à l'obéissance. *Occasion de la guerre des Perses.*

A peine Darius l'eut-il soumise, qu'il envoya en Grèce demander *la terre et l'eau ;* c'est-à-dire qu'on le reconnût pour maître. Sparte présidait aux affaires publiques de la Grèce. Indignée d'une telle proposition elle fit mourir deux des hérauts ou ambassadeurs de ce redoutable monarque ; elle fit enlever comme traîtres à la patrie les principaux citoyens d'Egine, ville située dans une île près d'Athènes, parcequ'ils avaient cru devoir céder à la force. *Son commencement.*

La plupart des autres villes, saisies de frayeur, se soumirent à Darius. Tout semblait annoncer l'asservissement de la grèce ; mais des hommes libres combattant pour leurs foyers, ont dans leur courage de grandes ressources contre des armées d'esclaves. *Ce que firent les Athéniens à l'arrivée des Perses.*

Plus de cent mille Perses passent la mer et viennent fondre sur l'Attique. Les Athéniens réclament le secours des Spartiates. On leur répond qu'une coutume religieuse empêche de se mettre en campagne avant la pleine lune : qu'il faut attendre quelques jours. après quoi on ira les secourir. Les autres peuples n'osent remuer, excepté les Platéens, qui envoient mille soldats. Athènes arme ses esclaves dans un péril si pressant. Comme elle les traitait humainement, elle pouvait compter sur eux, au lieu que Sparte ne voyait dans les siens que des ennemis. L'armée athénienne fut seulement de dix mille hommes. Le nombre des généraux était un mal plus dangereux que le manque de troupes. Il y en avait dix qui devaient commander alternativement, chacun son jour. La jalousie du commandement et la contrariété d'opinions, pouvaient tout perdre.

An de J.-C.
490.
Miltiade.

Ces généraux délibèrent si l'on attaquera l'ennemi, ou si on l'attendra dans la ville. L'attendre paraissait le plus sûr. Miltiade, contre l'avis commun, soutient qu'il vaut mieux l'attaquer, et qu'un coup de vigueur inattendu pourra donner la victoire. Aristide fait prévaloir cet avis. Il fait plus encore. Comme l'exécution demande un seul chef, il renonce à son jour de commandement en faveur de Miltiade. Tous les autres suivent un exemple si généreux et si utile. On marche au-devant de l'ennemi. Le général se poste avantageusement, supplée au nombre par la science militaire comme par la valeur, et remporte une victoire complète à Marathon, l'an 490 avant J.-C.

Conduite des Spartiates.

Quoique les Spartiates eussent fait une marche forcée de trois jours, ils n'arrivèrent que le lendemain de la bataille. Ils dûrent sentir combien la coutume superstitieuse qui les avait retardés était contraire à la raison, puisqu'elle pouvait nuire infiniment aux affaires.

Les Perses se retirent.

Les Perses apprirent de leur côté de quoi l'héroïsme est capable, quand il est dirigé par de bons conseils. Ils s'enfuirent avec précipitation devant ces Athéniens qu'ils avaient ordre d'emmener chargés de chaînes. Ceux-ci leur prirent ou brûlèrent plusieurs vaisseaux : Le brave Cynégire eut la main droite coupée, ensuite la gauche, tandis qu'il s'efforçait d'en retenir un sur le rivage. Il s'y attacha avec les dents, et reçut le coup mortel.

La gloire devait être la récompense des sauveurs de la patrie. On érigea des monumens aux morts : on peignit la bataille de Marathon, et l'unique faveur accordée à Miltiade, fut de le représenter à la tête des combattans.

Récompense des vainqueurs et celle de Miltiade.

Il éprouva bientôt l'ingratitude des Athéniens, à qui le moindre soupçon faisait oubler les plus grands services. Il leur avait demandé une flotte pour punir les insulaires dont la fidélité s'était démentie. N'ayant pu réussir à Paros, il revint blessé après un long siége. On l'accusa, on le condamna à une amende égale aux frais de la flotte. Il mourut en prison, faute de pouvoir payer cette somme. Son fils Simon, pour lui rendre les derniers devoirs, la paya par le moyen de ses amis. Cependant, que serait devenue Athènes, sans Miltiade?

Sa fin.

CHAPITRE V.

Aristide et Thémistocle. La Grèce envahie par
Xercès.

APRÈS Miltiade, deux grands hommes eurent la principale influence dans le gouvernement. Le premier était Aristide, d'une probité irréprochable, ennemi de toute injustice, en un mot, si parfaitement vertueux, qu'on lui fit en plein théâtre, l'application de ce vers d'Eschile. *Il veut être juste et non le paraître.* Le second était Thémistocle, qui joignait beaucoup d'ambition à beaucoup de talens, plein de feu et d'audace, nullement scrupuleux sur les moyens de parvenir, capable enfin d'être le défenseur ou l'oppresseur de sa patrie.

Aristide.

Comme les factions se disputaient sans cesse l'autorité, Aristide penchait du côté des principaux citoyens, parce qu'ils étaient les plus sages. Thémistocle se déclarait au contraire pour le peuple, dont il captait la

Haine de Thémistocle contre Aristide.

bienveillance en le flattant. Mais ne pouvant devenir le maître sans écarter un rival si respectable, il employa son adresse à le rendre suspect. On demanda l'ostracisme contre Aristide.

Aristide banni. Dans l'assemblée générale, un paysan qui ne le connaissait point, et qui ne savait pas écrire, s'adressa à lui-même pour le prier d'écrire le nom d'Aristide, car les suffrages se donnaient par écrit sur une coquille. *Quel tort vous a fait cet homme?* lui dit le vertueux citoyen. *Aucun*, répond le paysan, *mais je suis las de l'entendre appeler partout le Juste.* Aristide écrit son nom. Condamné à l'exil, il prie les dieux de ne *pas permettre qu'Athènes ait sujet de le regretter.* Pouvait-on ne pas regretter un tel personnage.

Conseil de Thémistocle aux Athéniens. Thémistocle effaça du moins la honte de son injustice par de grandes vues et de grandes actions. Il prévoyait les périls dont on était menacé; il jugeait que la principale ressource d'Athènes devait être dans la marine, fort négligée jusqu'alors; il persuada aux Athéniens d'y consacrer leurs mines d'argent, dont ils partageaient entre eux le revenu. On en construisit cent galères, qui devinrent le rempart de la république.

Conduite de Xercès. Darius se préparait à une seconde expédition, sa mort l'empêcha de l'exécuter. Mais Xercès, son fils et son successeur, aussi violent qu'orgueilleux, suivit ses projets de vengeance avec toute la fougue imaginable. Selon l'historien grec Hérodote, l'armée des Perses montait à plusieurs millions d'hommes; le monarque fit donner des coups de fouets à la mer, parce qu'un pont de bateaux, sur lequel les troupes devaient passer l'Hellespont, avait été rompu par une tempête; il condamna au supplice tous les entrepreneurs de cet ouvrage, il fit percer le mont Athos pour ouvrir un passage à sa flotte. De tels récits sont presque autant de mensonges, et nous apprennent seulement à nous défier des historiens crédules ou épris du merveilleux. On reproche avec raison aux Grecs d'avoir menti par vanité; c'est un défaut commun à presque tous les anciens peuples.

Il y avait à la cour de Perse un Roi de Sparte exilé, qui se nommait Démarate. Xercès lui demandant si les Grecs oseraient bien se défendre, il répondit, au sujet des Spartiates en particulier : *Ils sont libres, mais dominés par la loi, et cette loi leur ordonne de vaincre ou de mourir.* Réponse de Démarate à Xercès.

Sparte et Athènes reçurent de Démarate la nouvelle des préparatifs du roi de Perse. Aussitôt elles invitent la nation à prendre les armes. Soit crainte ou jalousie, la plupart des alliés se détachent de la Confédération. Cependant on se prépare courageusement à la guerre. Les Athéniens élisent Thémistocle pour général. Après la bataille de Marathon, frappé de la gloire de Miltiade, il était devenu inquiet, rêveur, jusqu'à en perdre le sommeil. Ses amis lui demandant pourquoi : *Ah ! dit-il, les trophées de Miltiade ne me laissent point de repos.* Préparatifs contre les Perses. Thémistocle élu général.

Il avait écarté par des largesses un indigne compétiteur qui lui disputait cet emploi. Le bien public exigeait qu'on l'en revêtit; et il prouva qu'un véritable zèle l'animait alors, en demandant le rappel d'Aristide, son rival, dont les services devenaient nécessaires dans le péril. Les Spartiates prétendaient au commandement de la flotte, quoiqu'Athènes en eût équipé les deux tiers. Les alliés favorisèrent leur prétention, et le choix tomba sur Eurybiade qui ne le méritait point. Thémistocle, pour éviter une rupture, consentit à tout, mais il annonça aux Athéniens qu'on leur céderait bientôt l'honneur du commandement, pourvu qu'ils fissent leur devoir. Sa conduite.

Xercès arrive enfin aux Thermopyles, défilé fort étroit par où il devait passer. Léonidas, roi de Sparte, l'y attendait avec quatre mille hommes. Ce héros, sommé de livrer ses armes, répond : *Viens les prendre.* *Avant J. C* 480. Combat aux Thermopyles.

Les Perses l'attaquent et sont repoussés; malheureusement, ils découvrent un sentier pour gagner la hauteur sans être aperçus. Ce poste ne pouvait plus se défendre; mais Léonidas se croit obligé de s'y dévoue(r)
à une mort certaine. N'ayant que trois cents Spartiates
ayant renvoyé les autres grecs, il affronte les ennemis
il en fait un grand carnage. Accablé par le nombre,
meurt avec ses soldats, excepté un seul, qui porta l
nouvelle de l'action.

Réception de celui qui apporta la nouvelle du combat.

Le fugitif fut traité à Sparte comme un lâche dése(r)
teur, jusqu'à ce qu'il eût effacé sa honte par de nou
velles preuves de bravoure : on mit dans la suite au
Thermopyles cette inscription admirable par sa simpl
cité : *Passant, va dire à Lacédémone que nou
sommes morts ici pour obéir à ses lois.*

Conduite de Xercès en entrant dans la Grèce.

Xercès n'avait forcé le passage qu'avec perte de ving
mille hommes. Plus furieux que jamais, il s'avanc
mettant tout à feu et à sang. Il s'informe de ce que fon
les Grecs; il les croit dans la consternation, dans le dé
sespoir. On lui apprend qu'ils sont aux jeux olympi
ques, où une couronne d'olivier excitait la plus viv
émulation. *Quels hommes,* s'écrie un grand de s
suite, *quels hommes qui ne combattent que pou
l'honneur!*

Cependant Athènes était sur le penchant de sa ruine

État d'Athènes.

Les peuples du Péloponèse l'abandonnaient pour s
retrancher à l'isthme de Corinthe. Un oracle avait dé
claré qu'elle ne trouverait son salut que dans les mu
railles de bois. Thémistocle avait probablement inspir
l'oracle, et il en profita pour faire prendre aux Athé
niens une résolution aussi affligeante que nécessaire.

Résolution des Athéniens.

Comme ils ne pouvaient résister à une armée innom
brable, il leur persuada que leurs vaisseaux étaient ce
murailles de bois où ils trouveraient leur salut; que c
devait être leur asile; que les dieux même leur ordon
naient de s'y embarquer. La religion les attachait
leurs foyers, à leurs tombeaux et à leurs temples. Thé

mistocle n'aurait pu les en détacher, sans le motif de
religion qu'il employa. On mit Athènes sous la sauve-
garde de Minerve : on ordonna que tous les citoyens
capables de service monteraient sur les vaisseux, et que
chacun prendrait des mesures pour la sûreté de sa famille. La ville de Trézène reçut généreusement la plupart des femmes, des enfans, des vieillards. Quelques-uns
s'obstinèrent à ne point partir : ils s'enfermèrent dans
la citadelle, et s'y défendirent jusqu'à la mort. Xercès
brûla cette forteresse, goûtant les plaisirs de la vengeance, qu'une prompte révolution devait changer
pour lui en amertume.

CHAPITRE VI.

Les Perses vaincus partout et chassés de la Grèce.

Il y avait eu un combat naval près d'Artémisium, promontoire de l'île d'Eubée, le jour même du combat des Thermopyles; sans remporter une victoire décisive, les Grecs y avaient appris qu'ils pouvaient vaincre, et que la manœuvre et le courage suppléaient aux forces. Ils le prouvèrent bientôt dans une journée plus mémorable. Combat près Artémisium.

Leur flotte était rassemblée dans le détroit de Salamine. Eurybiade, qui la commandait en chef, était un Spartiate peu habile. Il voulait absolument gagner le golfe de Corinthe, pour être à portée de défendre le Péloponnèse. Thémistocle soutint qu'il fallait rester dans le détroit, parce que la flotte ennemie, beaucoup plus nombreuse, ne pouvait y manœuvrer librement. La dispute s'échauffe. Eurybiade s'emporte jusqu'à lever le bâton sur Thémistocle. *Frappe, mais écoute*, lui dit l'Athénien. Ce mot généreux le pénètre de respect, et il se laisse gouverner par un homme si supérieur. Que serait-on devenu, si le faux honneur avait exigé Dispute de Thémistocle avec Euribiade.

une funeste vengeance? Il y avait bien plus de gloire à se venger par la raison et par les services.

Pour attirer les Perses dans le piége, Thémistocle fit annoncer secrètement à Xercès que les Grecs allaient s'éloigner de Salamine, et que s'il ne se hâtait pas de les attaquer, il perdrait l'occasion d'anéantir leur flotte. Aussitôt le roi ordonne de combattre. Aristide était venu joindre Thémistocle, lui avait offert de servir sous lui, avait ainsi obtenu sa confiance. L'union de ces deux rivaux doit servir d'exemple à quiconque aime sa patrie.

Sans avoir le titre de général, Thémistocle en remplit les fonctions, et fit des prodiges à la bataille de Salamine. Il sut prendre l'avantage du vent : il disposa la flotte de manière à ne pas craindre la supériorité du nombre. Les vaisseaux des Perses, lourds et embarrassés dans le détroit, ne purent tenir contre la manœuvre des Grecs. Ceux-ci, avec moins de quatre cents voiles, dissipèrent une armée navale où l'on en comptait plus de deux mille. Tandis que Xercès regardait d'une hauteur ce combat où il aurait dû se trouver, Artémise, reine d'Halicarnasse, combattait sur sa flotte avec une valeur héroïque. Elle donna lieu de dire *que les femmes s'étaient montrées des hommes, et les hommes des femmes.*

Le grand roi (ce titre fastueux augmentait sa honte) s'enfuit lâchement. Craignant qu'on ne rompît son pont de bateaux, parce que Thémistocle en avait répandu le bruit à dessein, il repassa la mer avec précipitation ; mais il laissa trois cent mille hommes à Mardonius pour finir la guerre.

Celui-ci s'efforce de mettre la division parmi les Grecs et de gagner les Athéniens. Aristide, devenu premier archonte, répond à ses offres avec un noble dédain : il fait prononcer des anathêmes contre ceux qui proposeraient une alliance avec les Perses. Un citoyen ayant été d'avis d'écouter un second député de l'ennemi, fut lapidé sur-le-champ : les femmes lapidèrent même sa famille dans un excès de colère.

Mardonius marcha bientôt pour attaquer ceux qu'il ne pouvait corrompre. Les Athéniens abandonnèrent leur ville comme la première fois, et se retirèrent à Salamine. Les Spartiates ne venaient point à leur secours, aimant mieux défendre le Péloponnèse. C'était un juste sujet de plainte. Sparte le sentit : elle envoya cinq mille de ses citoyens, suivis chacun de sept esclaves armés. Les forces des confédérés, après la jonction, furent au moins de soixante mille hommes, parmi lesquels huit mille Athéniens seulement. Ceux-ci devaient être les plus ardens au combat, car Mardonius venait de détruire les restes d'Athènes.

La Béotie étant un pays de plaine, découvert, avantageux pour une grande armée, les Perses y allèrent attendre les Grecs. Un sage officier conseilla en vain à Mardonius de ne pas risquer la bataille. Cet imprudent général fut vaincu à Platée, et périt dans l'action. La plus grande partie de ses troupes fut taillée en pièces.

Pausanias, tuteur d'un jeune roi de Sparte, commandait alors les Grecs. Quelques jours après la victoire, il fit préparer un festin avec tout le luxe asiatique, et un petit repas conforme aux mœurs de sa patrie. Faisant remarquer la différence à ses officiers : *Quelle folie, s'écria-t-il, pour ces Perses accoutumés à une vie si délicieuse, de venir attaquer des hommes qui savent se passer de tout !*

La frugalité des Grecs, des Spartiates en particulier, leur donnait sans doute un avantage sur des ennemis efféminés; mais ce fut peut-être la moindre cause de leurs succès. L'habitude des exercices militaires, la discipline, la valeur, la liberté, le noble désir de la gloire, l'habileté des généraux, y contribuèrent encore plus. D'ailleurs ils combattaient chez eux, ils avaient le plus grand intérêt à se défendre, et leurs ennemis n'en avaient presque aucun à les subjuguer. Les Perses

ayant été plusieurs fois vaincus en attaquant des Ba
bares, comment ne l'auraient-ils pas été en attaqua
ces braves républiquains? Ils furent encore défaits a
combat naval de Mycale en Asie.

Xercès s'enfuit de Sardes où il était; il donna ord
de brûler les temples des colonies grecques. Tout rei
dait ce prince méprisable et même odieux. Tout ai
nonçait au contraire la magnanimité de ses vainqueur
Les Spartiates et les Athéniens se disputèrent, après
bataille de Platée, le prix de la bravoure qu'on deva
décerner solennellement. Cette dispute était dang
reuse : pour en prévenir les suites, on décerna le pri
aux Platéens. Pausanias et Aristide, généraux c
Sparte et d'Athènes, y consentirent par sagesse. Quar
à Thémistocle, sa victoire de Salamine lui procui
l'honneur de voir, dans les premiers jeux Olympique
tous les Grecs se lever en sa présence. Il avoua que ce
honneur était au-dessus de tout ce qu'il pouvait dés
rer. La gloire suffit aux vrais héros.

CHAPITRE VII.

Rivalité de Sparte et d'Athènes. Administratio d'Aristide.

Une funeste jalousie éclata parmi les Grecs, lorsqu'il
devaient sentir le mieux les avantages de leur union
Les Athéniens voulaient rebâtir et fortifier leur ville
Rien n'était plus juste ni plus nécessaire. Mais Sparte
voyant d'un œil jaloux leur puissance maritime, e
craignant qu'ils ne parvinssent au commandement, mi
obstacle à ce dessein. Elle allégua de faux prétextes d
bien public; elle soutint qu'on ne devait point souffri
de place forte hors du Péloponnèse, de peur que le
ennemis n'en fissent une place d'armes, en cas de nou
velle invasion.

Thémistocle opposa la ruse à l'injustice. Il négociait avec les Spartiates. Pendant qu'il les amusait par des lenteurs et des paroles, on travaillait avec ardeur aux murs d'Athènes. Les Spartiates le surent et s'en plaignirent. Il nia le fait ; il demanda qu'on le fît vérifier sur les lieux : en même temps il avertit secrètement les Athéniens de retenir pour ôtages les députés qu'on y enverrait. Quand la ville fut en état de défense, il leva le masque, et déclara qu'Athènes avait usé de ses droits ; qu'on ne pouvait la soupçonner de mauvais desseins après les services qu'elle avait rendus ; que Sparte ne devait point chercher à se maintenir par la faiblesse de ses alliés, enfin, qu'il s'applaudissait d'avoir employé la ruse, et que tout était permis pour le bien de la patrie. Les Spartiates méritaient bien ce reproche : ils disimulèrent leur chagrin : mais les cœurs étaient envenimés.

Le principe de Thémistocle, que *tout est permis pour le bien de la patrie*, conduirait à d'énormes injustices, si on en faisait de fausses applications. Ce grand génie en fournit la preuve. Il se proposait de rendre Athènes supérieure à toutes les républiques de la Grèce. Il fit pour cela d'excellentes choses, comme de construire le port de Pirée, de faire augmenter la flotte de vingt vaisseaux par an, d'attirer un grand nombre d'ouvriers et de matelots par des priviléges. Mais il imagina un autre moyen, indigne de la véritable politique ; c'était de brûler la flotte des alliés, pour donner aux Athéniens l'empire de la mer. Il dit au peuple qu'il avait conçu un projet de la dernière importance, et que ne pouvant le divulguer, il demandait qu'on choisît quelque citoyen avec lequel il pût conférer secrètement. On nomma aussitôt Aristide. Thémistocle lui communiqua son idée.

Le rapport d'Aristide fut dicté par la vertu : il déclara que le projet lui paraissait fort utile, mais en même temps fort injuste. Sur ce rapport, tous les suffrages se

réunirent pour le rejeter. Qu'aurait-on gagné d'ailleur[s]
par une injustice si révoltante ? Athènes aurait perd[u]
sa gloire, aurait été en butte à la haine de la Grèce e[n-]
tière. Ce qui est injuste n'a jamais qu'une apparen[ce]
d'utilité.

Comment Athènes parvint au commandement

Par sa réputation seule, par le mérite de quelqu[es]
grands hommes, Athènes parvint au premier rang do[nt]
Sparte était si jalouse. Les Grecs avaient envoyé u[ne]
flotte pour chasser les Perses des colonies où ils dom[i-]
naient encore, Pausanias la commandait. Sa victoire [de]
Platée l'avait rendu arrogant, et même voluptueu[x]
Après avoir tant méprisé le luxe asiatique, il avait é[té]
corrompu par les dépouilles de Mardonius. Son fas[te]
et la dureté de son commandement excitaient l'ind[i-]
gnation des alliés. Aristide et Cimon, fils de Miltiad[e]
généraux des Athéniens, s'attiraient au contraire l'e[s-]
time, le respect et la confiance, par une conduite plein[e]
de sagesse. Enfin on se mit sous la protection d'Athè[-]
nes, on lui déféra le commandement.

Pausanias rappelé.

Sparte eut assez de prudence ou de modération pou[r]
y renoncer. Elle rappela Pausanias, suspect d'intell[i-]
gence avec les Perses. Il fut convaincu de trahison; [il]
se réfugia dans un temple. Les Ephores, craignant d[e]
violer cet asile, en firent murer les portes, et il y mou[-]
rut de faim.

Thémistocle condamné.

Thémistocle, déjà soumis à l'ostracisme, parce qu'[il]
s'était rendu odieux par son orgueil, fut accusé d'êtr[e]
complice de Pausanias. On confisqua une partie de[s]
trésors qu'il avait amassés. Il erra en fugitif hors de [la]
Grèce, après tant de belles actions.

Administration confiée à Aristide.

L'amour des richesses ternissait la gloire de Thémis[-]
tocle. Un désintéressement parfait augmenta cell[e]
d'Aristide, et l'éleva au-dessus de tous les Grecs. Jus[-]
qu'alors la répartition des sommes que les alliés four[-]
nissaient pour la défense commune avait excité beau[-]
coup de murmures, parce qu'elle n'était pas réglée pa[r]
la justice. Quand Athènes fut en possession du com[-]

mandement, on résolut de mettre de l'ordre dans les finances, de fixer les taxes en proportion des revenus de chaque ville, et d'avoir un trésor où l'on pût puiser dans les besoins. Aristide fut chargé de l'exécution de ce plan. Il imposa les taxes, il mania les finances en homme aussi éclairé qu'incorruptible. Chacun fut satisfait, tant on était sûr de son équité. Il soutint, avec quatre cent soixante talens, toutes les dépenses publiques. Le talent faisait environ quatre mille francs de notre monnaie.

En disposant des revenus de la Grèce, Aristide conserva sa pauvreté. On voulut faire un crime à Callias, son parent, qui était fort riche, de le laisser dans l'indigence, mais Callias lui avait souvent offert de grosses sommes, et l'avait toujours inutilement pressé de les recevoir. Aristide le déclara pour le justifier : il ajouta que le moyen de s'épargner des besoins et des embarras, était de se borner au pur nécessaire. Après la mort de ce grand homme, la république fit les frais de ces funérailles, et pourvut à l'entretien de sa famille. Quel respect, quelle reconnaissance ne devait-on pas à tant de vertus !

Il était en partie redevable de son mérite à Callisthène, excellent citoyen, auquel il s'était attaché dans sa jeunesse. Quand un jeune homme avait du talent et de l'émulation, il trouvait toujours quelque illustre personnage qui se faisait un plaisir de le former : il devenait son disciple, son imitateur ; il le suivait constamment, le consultait en tout, ambitionnait de se montrer digne de lui. Prendre les grands hommes pour guides, pour modèles, c'est un des meilleurs exemples que les anciens puissent nous donner.

3.

CHAPITRE VIII.

Cimon augmente la gloire d'Athènes.

Cimon.

Cimon, fils de Miltiade, avait eu une jeunesse dér glée; mais sentant bientôt la honte du vice, il s'ét livré aux conseils de la sagesse. Aristide l'avait instr par ses leçons, et l'avait rendu digne de le remplace Il fut en effet son successeur dans le gouverneme d'Athènes. On ne pouvait fixer la légèreté inquiète d Athéniens, qu'en les occupant contre les ennemis (

Sa politique.

dehors. Cimon s'en fit une règle de politique. Plusieu avantages qu'il remporta sur les Perses, affaiblire cette puissance, dont on avait toujours à craindre courroux et l'ambition.

Fin de Thé-mistocle.

Thémistocle, réfugié à la cour d'Ataxerxès-Lo guemain, successeur de Xercès, serait devenu sa doute redoutable à sa patrie, s'il eût été à la tête d'u armée. Le monarque voulut l'obliger quelques anné après, à porter la guerre en Attique; mais il s'emp sonna, dit-on, pour se délivrer d'une commission tr odieuse. Les Egyptiens voyant les Perses affaiblis, révoltèrent contre eux, et reçurent des secours d'Ath nes. Ils furent vaincus comme auparavant, parce q le secours ne suffisait point, et que l'Egypte manqu toujours de guerriers.

Suite de la rivalité de Sparte et d'A-thènes.

Ataxercès sollicita les Spartiates à prendre les arm contre les Athéniens. Ses offres furent sans effet. Cepe dant un levain de discorde agitait déjà les deux rép bliques, et les préparait à une rupture éclatante. Spar essuya des malheurs qui l'exposèrent à périr. Ses ma sons furent presque toutes renversées par un trembl ment de terre; ses esclaves se révoltèrent, s'unirent au Messéniens et à d'autres ennemis. On réclama, da cette extrémité, le secours d'Athènes.

Périclès, dont nous parlerons souvent, y acquérait beaucoup de crédit, et sa politique était ambitieuse. L'orateur Ephialte, son partisan, soutint dans la tribune aux harangues, qu'une ville rivale ne devait point être secourue ; qu'il fallait même se féliciter de sa ruine.

Cimon pensait tout différemment. La foi des traités, l'intérêt commun de la Grèce, les principes de générosité et d'honneur, lui paraissaient des lois inviolables. Il jugeait d'ailleurs avec raison que Sparte était nécessaire pour contenir la licence des Athéniens. Il disait qu'on ne devait pas laisser la *Grèce boiteuse*, ni Athènes sans contrepoids. Il persuada d'envoyer du secours à Sparte.

Chargé lui-même de conduire les troupes, Cimon remplit sa commission avec autant de succès que de zèle. Peu après, les Spartiates eurent encore besoin de secours, et il leur en amena de nouveaux. Mais il fut renvoyé par une défiance injurieuse. Les Athéniens, furieux de cette insulte, s'en prirent à l'illustre général, l'ostracisme fut sa récompense. Les deux peuples se firent une guerre qui servit de prélude aux plus grands malheurs.

Cimon vint offrir ses services à l'armée athénienne. On lui ordonna de se retirer. Ses amis, au nombre de cent, soupçonnés injustement comme lui, se firent tous tuer en combattant pour la patrie, et contribuèrent beaucoup à la victoire de Tanagre, remportée sur les Spartiates. Au bout de cinq ans, on rappela Cimon de l'exil, parce qu'on avait besoin de lui. Son rival Périclès proposa lui-même son rappel. Le patriotisme réparait ainsi quelquefois les injustices des passions. Ce vertueux citoyen fit d'abord conclure une trêve avec Sparte.

Ensuite, il tourna les armes des Athéniens contre l'ennemi étranger, soit pour augmenter leur puissance par des moyens glorieux, soit pour empêcher les effets de leurs cabales. Il remporta des victoires sur les Perses, et se rendit si redoutable, qu'Artaxercès désira enfin la paix, l'an 449 avant J.-C. On fit un traité, par lequel toutes les villes grecques de l'Asie mineure furent déclarées libres. On convint que les Perses ne pourraient plus naviguer depuis le Pont-Euxin jusqu'aux côtes de la Phamphylie, et que leurs troupes ne pourraient approcher de ces mers à la distance de trois journées. Ainsi, à la gloire des Grecs, finit une guerre qui durait depuis cinquante et un ans.

Son caractère.

Cimon avait consommé l'ouvrage des héros ses prédécesseurs. Sa mort fut une perte irréparable. Riche et désintéressé, il fut un modèle de vertu dans la fortune. Ses jardins étaient ouverts à tout le monde; sa table était celle des pauvres, aussi bien que de ses amis, et loin de capter par ce moyen la faveur du peuple, il s'éleva toujours contre les abus de la démocratie. Périclès ne l'imita point.

CHAPITRE IX.

Périclès gouverne Athènes.

Caractère et talens de Périclès.

Nul homme n'avait plus de talent que Périclès pour gouverner les Athéniens. L'éclat de sa naissance le rendait moins respectable que la supériorité de son génie. Elève du philosophe Anaxagore, il se distinguait par des connaissances profondes, par un discernement sûr, et par une éloquence à laquelle on ne pouvait résister. Comme il ambitionnait le commandement, il s'était appliqué surtout à l'étude des hommes et à l'art de les conduire. Il affecta d'abord de s'éloigner des affaires, afin de n'exciter ni jalousie ni défiance. Il parut n'avoir d'autre objet que d'acquérir de la réputation par les armes. Mais, en l'absence de Cimon, le seul concurrent qu'il eût à craindre, il se produisit, il flatta le peuple,

il renonça aux plaisirs pour jouer le rôle d'homme
d'Etat, et il se livra entièrement aux occupations politiques.

Il évita de s'exposer, comme Thémistocle, aux dé-
goûts de la multitude, ne se trouvant aux assemblées
que dans les occasions essentielles, et faisant parler ses
amis quand il n'avait pas besoin de parler lui-même.
Sa fortune médiocre ne lui permettait pas de prodiguer
les largesses. Il y suppléa aux dépens de la patrie; il
multiplia les jeux, les spectacles; il fit distribuer de
l'argent à ceux qui fréquentaient les tribunaux et les
assemblées publiques. En un mot, pour se rendre maître des suffrages, il corrompit les mœurs.

Comment il gagna le peu-ple d'Athè-nes.

Après la mort de Cimon, qui se récriait en vain contre des changemens si dangereux, l'autorité de Périclès
s'accrut toujours. Les finances de la Grèce passèrent
entre ses mains. Il en consacra une partie à orner Athènes d'édifices et de statues. C'est alors que le célèbre
Phidias éleva tant de monumens superbes, qui sur-
passaient infiniment par le goût, les ouvrages des
Egyptiens.

Son auto-rité et sa con-duite.

Les alliés se plaignirent que le trésor destiné à la
défense commune, fut employé à l'embellissement d'u-
ne seule ville. Leurs plaintes étaient assez justes. Périclès y opposait des prétextes spécieux. Il disait que cet
argent appartenait aux Athéniens, dès qu'ils remplis-
saient leurs engagemens à l'égard des alliés; il soutenait qu'on ne pouvait en faire un meilleur usage, après
avoir pourvu aux besoins publics. Mais il augmenta les
taxes de près d'un tiers; et n'aurait-il pas dû les dimi-
nuer, si elles étaient plus que suffisantes pour les véri-
tables besoins?

Sa réponse aux plaintes des alliés.

Les plaintes redoublant contre lui à ce sujet, il offrit
aux peuples de payer à ses propres dépens tous les ouvrages, pourvu que les inscriptions ne portassent que
son nom. La vanité seule aurait empêché les Athéniens
d'y consentir. On le laissa maître de puiser dans le tré-

Ses offres aux Athéniens.

sor. Une telle offre de sa part suppose une grande augmentation de fortune. Les historiens vantent néanmoins son désintéressement.

Comment il gouverne. Périclès fut délivré par l'ostracisme d'un rival que lui avaient suscité les riches. Il devint alors tout-puissant : il flatta moins le peuple, et ne laissa pas d'être l'arbitre des délibérations. Son ambition n'avait pas de bornes, et il se servit avec adresse de sa réputation de probité, pour fortifier l'ascendant qu'il avait acquis par son éloquence et sa politique. Il y joignit la gloire des armes par quelques expéditions heureuses. Mais ses ennemis n'en furent que plus irrités. On cherche les moyens de le perdre ; on commence par attaquer ses *Accusation de Phidias.* amis. On accuse Phidias d'avoir volé une partie de l'or qui devait entrer dans une statue de Minerve. Quoi qu'il en soit de la justice de cette accusation, on traîne cependant Phidias en prison, et il y meurt.

D'Aspasie. Périclès n'était pas exempt de grands vices. Aspasie de Milet, fameuse courtisane et sophiste non moins célèbre, lui fit oublier les devoirs les plus sacrés de la nature. Il répudia sa femme pour la posséder. Aspasie, qui n'avait pas rougi de secouer tous les principes des bonnes mœurs, n'avait pas respecté davantage ceux de la religion et du culte public. Elle fut accusée d'impiété et de débauche. Son éloquence, les larmes de Périclès la sauvèrent à peine du péril qui la menaçait (1).

---

(1) C'est Aspasie qui fit entreprendre la guerre de Samos, pour venger les habitants de Milet, ses compatriotes. Les Mégariens ayant enlevé deux filles de sa suite, elle décida qu'il fallait les combattre ; décision digne d'une courtisanne : de là la guerre de Mégare, d'où naquit celle du Péloponèse. Elle fut accusée devant l'Aréopage, en même temps que le philosophe Anaxagore, de ne pas croire aux dieux ; et ce ne fut qu'à force de prières et de larmes que Périclès parvint à la faire absoudre. Il ne soupçonnait pas que cette Aspasie, qu'il aimait éperdument, n'attendait que l'occasion de pouvoir passer dans

La décadence des mœurs amenait, pour les Athéniens, celle des principes, et l'athéisme pratique voyait le nombre de ses sectateurs s'accroître tous les jours. Quelques bons esprits, profondément convaincus que l'irréligion, lorsqu'elle devient dominante, ne manque pas d'entraîner la chute des empires, provoquèrent des lois contre les impies notoires. On dénonça comme tel un philosophe dont les rapports avec Périclès étaient connus. C'était de la part de ses ennemis une pure calomnie. Mais leurs intrigues étaient si bien ourdies, qu'Anaxagore crut prudent de sauver son existence par la fuite. La peine capitale lui fut en effet décernée comme contumace.

Les accusateurs s'enhardirent par le succès, au point d'attaquer Périclès lui-même sur l'emploi des deniers publics. *De Périclès.*

On lui ordonna de rendre ses comptes. Tandis qu'il s'y préparait, le jeune Alcibiade, qui devait devenir célèbre, dit avec finesse : *Il devrait plutôt penser à ne pas les rendre.* En effet, Périclès se délivra d'un tel souci par la guerre du Péloponnèse, en cessant de s'y opposer, selon quelques historiens, ou en l'excitant pour son propre intérêt, selon les autres.

Cette guerre civile, un des plus funestes événemens que la Grèce pût éprouver, vint surtout de la faute des Athéniens. Fiers de leurs exploits et de leur puissance, ils avaient perdu la modération qui leur avait procuré le commandement. Ils s'étaient attiré autant de haine que de jalousie par leurs entreprises. Ils assiégeaient alors Potidée, colonie de Corinthe. Les Corin- *Cause de la guerre du Péloponèse.*

---

les bras d'un homme de la lie du peuple (ce qu'elle fit immédiatement après la mort de Périclès). Tel est le caractère de ces femmes méprisables : les circonstances décèlent la bassesse de leur âme, et leurs malheureuses victimes, après avoir tout sacrifié pour elles honneur, repos, fortune et liberté, ne sont payées de tant et de si grands sacrifices, que par l'infidélité, la perfidie, l'ingratitude et l'oubli.

thiens et d'autres mécontens portent leurs plaintes
Sparte, invectivement contre l'ambition d'Athènes,
sistent sur la nécessité de s'unir contre elle. On se d
termine à prendre les armes; mais on entame u
négociation pour gagner du temps. On exigeait en p
ticulier que les Athéniens levassent le siége de Po
dée. Périclès s'y opposa. La gloire et les ressourc
d'Athènes furent les motifs qu'il fit valoir. Les pr
positions ayant été rejetées, la guerre commen
bientôt.

CHAPITRE X.

*Commencement de la guerre du Péloponnèse. A
cibiade.*

Avant J-C.
31.

Plan de dé-
fense pro-
posé par Pé-
riclès.

Sparte, et presque tout le Péloponnèse, la Phocid
la Béotie, et d'autres peuples, formaient une lig
formidable contre Athènes; leur armée montait
soixante mille hommes. Les forces d'Athènes se rédu
saient à quinze mille combattans, outre ceux qui étaie
armés pour la défense de la ville. Avec si peu de tro
pes on ne pouvait tenir la campagne. Aussi le plan
Périclès était-il d'abandonner les terres aux ravages,
ne point exposer les hommes, de défendre seuleme
Athènes, et de s'attacher principalement à la marin
qui faisait la puissance des Athéniens. Il leur persuad
non sans peine, de se tenir enfermés dans leurs mu
railles, tandis que l'Attique était dévastée. Par le moye
de leurs vaisseaux, ils se vengèrent sur le Péloponnè
du mal qu'on faisait à leur pays.

Périclès ras-
sure ses sol-
dats sur une
éclipse.

On connut dans cette expédition l'utilité des sciences
Une éclipse de soleil frappa les troupes de terreur;
superstition leur faisait croire que c'était un signe de
colère des dieux. Heureusement Périclès leur expliqu
ce phénomène de la nature, et ranima leur courage.

A la fin de la campagne, on le chargea de l'oraison funèbre des morts. Cette coutume des Athéniens excitait à combattre et à mourir pour la patrie. Après avoir célébré les braves guerriers qui avaient répandu leur sang pour l'Etat, l'orateur dit à leurs frères et à leurs enfans qu'ils ne peuvent atteindre à leur renommée sans de sublimes efforts; que l'envie et la haine poursuivent l'homme vivant, mais qu'on rend justice à ceux qui ne sont plus. Il fut reconduit en triomphe par les mères et les veuves des morts, transportées de joie ou d'enthousiasme.

Périclès chargé de l'oraison funèbre des morts.

La seconde année de la guerre, une peste affreuse mit le comble aux calamités publiques. Le malheur aigrit les âmes. On se déchaîna contre Périclès; on l'accusa : le peuple injuste et volage le condamna à une amende, et lui ôta le commandement. Mais on sentit bientôt que, plus les maux se multipliaient, plus on avait besoin d'un tel homme. On lui demanda pardon, et on remit les affaires entre ses mains. Il mourut peu de temps après de la peste.

Seconde année de la guerre.

Mort de Périclès.

Le progrès des sciences, des arts, du commerce et de la marine, fournirait une ample matière à son éloge, si ses vues pour faire fleurir Athènes, n'avaient pas contribué à la corrompre. Aristide et Cimon servirent mieux leur patrie, en la rendant respectable par la modération et la justice. Ils lui auraient épargné les horreurs de la guerre du Péloponnèse, qui dura vingt-sept ans, et qui fut toujours pleine d'atrocités.

La haine mutuelle de Sparte et d'Athènes passa toutes les bornes. Ces deux républiques firent mourir les ambassadeurs arrêtés en chemin. La première demanda même du secours aux Perses, tant on craignait peu de se déshonorer pour satisfaire sa passion. Cléon, vil harangueur, gouverna les Athéniens, et les remplit de la fougue dont il était animé. Après dix ans d'expéditions cruelles, on conclut une trêve de cinquante ans, mais ce ne fut qu'une fausse apparence de concorde.

Suite de la rivalité entre Sparte et Athènes.

Alcibiade; son caractère.

Alcibiade, jeune Athénien de grande naissance d'une beauté rare, d'un esprit extraordinaire, excité à la vertu par les leçons du philosophe Socrate, mais entraîné au vice par ses penchans et par ses flatteurs, aspirait au gouvernement de la république. Ses projets d'ambition étaient fondés sur la guerre. Il travaillait à rallumer un feu mal éteint; et possédant l'art de manier l'esprit du peuple, il devait y réussir.

Comment il se dévouait à la satyre.

Son libertinage l'exposait à la censure. Pour détourner l'attention des médisans, il s'avisa de faire couper la queue à un beau chien qu'il avait. Ce fut bientôt la nouvelle d'Athènes. On l'avertit que tout le monde le blâmait d'avoir défiguré cet animal. *Tant mieux, dit-il en riant, je veux que les Athéniens parlent de mon chien, pour qu'ils se taisent sur ma conduite.* C'était bien connaître un peuple frivole.

Rallume la guerre du Péloponnèse

Sparte et Athènes se plaignant de quelques infractions de la trève, Alcibiade saisit l'occasion de la faire rompre. Il en vint à bout, malgré Nicias, bon citoyen et général circonspect. Cependant Nicias avait un parti : les Athéniens se divisaient entre eux; l'ostracisme allait décider la querelle. Hyperbolus, homme décrié, déclamait contre l'un et l'autre, dans la vue de succéder à leur pouvoir. Mais les deux factions se réunirent contre lui-même, et il fut banni. On renonça dès-lors à

Fin de l'ostracisme.

l'ostracisme, parce qu'il paru avili en tombant sur Hyperbolus.

Projet d'attaquer Syracuse.

Ce n'était point assez pour Alcibiade d'armer Athènes contre Sparte. Son imagination trop ardente se repaissait de chimères. Il médita la conquête de la Sicile, et il en fit adopter le projet, quelques raisons que Nicias pût y opposer. La Sicile était peuplée de colonies grecques, parmi lesquelles Syracuse tenait le premier rang. Gélon, contemporain de Xercès, avait mérité le titre de roi dans cette ville fameuse. Hiéron et Thrasybule, ses deux fils, régnèrent ensuite, mais n'*imitèrent* pas ses vertus. Le dernier fut chassé comme un tyran.

Syracuse ayant secoué le joug, rétablit le gouvernement populaire dans le reste de la Sicile. Elle eut ensuite des démêlés avec deux peuples voisins, les Léontins et les Egistins. Ceux-ci implorèrent contre elle le secours d'Athènes.

Nicias représenta inutilement qu'on ne pouvait, sans une folle témérité, s'engager dans cette guerre, tandis qu'on était environné d'ennemis. Les talens, les grâces et les profusions d'Alcibiade, enchantaient le peuple et la jeunesse. Avec ces avantages, il l'emporta aisément sur son adversaire. On résolut de prendre les armes contre Syracuse. On les chargea l'un et l'autre de l'expédition, en leur associant un collègue nommé Lamachus. Les Athéniens avaient déjà eu l'idée de conquérir la Sicile; mais la prudence de Périclès qui gouvernait alors, les avait détournés de ce dessein.

Alcibiade vient à bout de la faire réussir.

Les préparatifs se firent en diligence. L'armée allait partir, quand un accident singulier remplit toute la ville de tumulte. Les statues de Mercure se trouvèrent mutilées. C'était un sacrilége capable de mettre en fureur les Athéniens. Peut-être les ennemis d'Alcibiade l'avaient-ils commis eux-mêmes pour le perdre. Ils saisirent du moins l'occasion et l'accusèrent d'impiété.

Avant J.-C.
415.

Il est accusé.

Loin de montrer de la faiblesse, il demanda un prompt jugement. Comme les troupes le soutenaient, ses accusateurs auraient eu trop de peine à réussir. Ils suspendirent donc l'affaire, sous prétexte que l'embarquement ne pouvait se différer. La flotte partit; mais à peine fut-on en Sicile, qu'Alcibiade reçut ordre de revenir pour être jugé sur l'accusation. Ses ennemis avaient si bien cabalé en son absence, que le peuple ne voyait plus guère en lui qu'un impie, et oubliait les talens qui pouvaient le rendre nécessaire. Il craignit d'être la victime de cette cabale, il s'échappa des mains de ceux qui le conduisaient; il s'enfuit à Sparte, il y jura une haine mortelle à sa patrie; il affecta de se plier aux mœurs des Spartiates, et gagna ainsi leur confiance.

Suites de son procès.

Les Athéniens le condamnent à mort par contumace
le livrent aux malédictions des prêtres. A la nouvell
de sa sentence, il s'écrie : *Je leur ferai bien voir qu
je vis encore.*

Événement du siège de Syracuse. Quelque téméraire que fût Alcibiade, son courage e
son génie auraient pu procurer de grandes ressource
dans l'expédition de la Sicile. Les incertitudes et la ti
mide lenteur de Nicias augmentèrent les difficultés. E
désapprouvant tout haut cette guerre, il découragea
les troupes. Cependant le siége de Syracuse fut pouss
avec vigueur. Les Syracusains, amollis par les riches
ses, auraient succombé, si les secours qu'ils deman
daient à Sparte et à Corinthe, et qu'Alcibiade sollicit
vivement pour eux, ne fussent arrivés à propos. Deu
mille Athéniens périrent dans un combat nocturne
hasardé contre le sentiment de Nicias. Les maladies
le découragement, le danger même d'Athènes qu
bloquaient les Spartiates, tout inspira le désir de leve
le siége.

Avant J.-C. 413. Défaite des Athéniens. On pouvait se retirer sans perte, lorsque les ennemi
y pensaient le moins. Une éclipse de lune épouvanta e
fit différer le départ. Les Syracusains eurent le temp
de se préparer au combat; et avec le secours des Spar
tiates, commandés par Gylippe, ils défirent les Athé
niens sur mer et sur terre : les généraux se rendiren
prisonniers, après d'inutiles efforts de courage. Ils fu
rent mis à mort, et le triomphe de Syracuse fut souill
par d'affreuses barbaries. On verra dans l'histoire ro
maine la suite des révolutions de la Sicile.

CHAPITRE XI.

Suite de la guerre du Péloponnèse. Reddition d'Athènes.

Effet que produit à Athènes le mauvais succès de la guerre de Sy- racuse. L'ESPÉRANCE de conquérir Syracuse enivrait encore le
peuple d'Athènes au point qu'il condamna à mort

comme un exécrable imposteur, le premier qui apporta la nouvelle du désastre. La consternation succéda bientôt à cette espérance. Le danger était d'autant plus terrible, que les Spartiates, par le conseil d'Alcibiade, avaient fortifié Décélie proche d'Athènes. Sans la lenteur ordinaire du gouvernement de Sparte, on devait être accablé par un coup de main. On eut le temps de respirer, de se reconnaître. Le peuple abandonna les affaires à un conseil de vieillards. Un décret permit d'employer enfin un trésor, auquel il était défendu de toucher depuis le commencement de la guerre. Cette ressource servit à rétablir les finances et la marine autant qu'il était possible. Mais on avait encore tout à craindre.

Presque tous les alliés d'Athènes étaient devenus ses ennemis. Alcibiade les armait contre elle par ses intrigues. Heureusement il ne conserva point dans Sparte le crédit qui le rendait redoutable à sa patrie. Sous de faux dehors de vertu, il avait débauché la femme du roi Argis : il excitait d'ailleurs la jalousie des principaux citoyens. De tels motifs de ressentiment firent oublier ses services. Tandis qu'il travaillait en Ionie pour les Spartiates, ils y envoyèrent un ordre pour le faire mourir.

Intrigue d'Alcibiade contre sa patrie.

Averti de cette perfide résolution, Alcibiade se réfugia auprès de Tissapherne, satrape ou gouverneur de Sardes, qu'il avait engagé depuis peu à se déclarer contre Athènes. Il gagna bientôt la confiance des Perses, dont les mœurs étaient conformes à ses penchans, et dont les précédentes disgrâces donnaient du poids à ses conseils. Il détermina Tissapherne à entretenir la division parmi les Grecs, afin qu'un des partis ne pût dominer par la ruine de l'autre. C'était la politique la plus adroite et la plus sûre.

Alcibiade réfugié chez les Perses.

En même temps les dissentions déchiraient Athènes. On y changea le gouvernement. On confia toute l'autorité à quatre cents hommes. Ils cassèrent le sénat,

Alcibiade rappelé par les Athéniens

ils méprisèrent les lois, ils se firent détester par leur tyrannie. L'armée était à Samos. Elle refuse de consentir à ce changement funeste, rappelle Alcibiade, le met à la tête des généraux, le presse d'exterminer les tyrans. Alcibiade se fait un plaisir de commander encore aux Athéniens; mais il commence par combattre les Spartiates et leurs alliés : il reprend l'empire de la mer, et se prépare ainsi glorieusement au retour dans sa patrie. Pendant qu'il se signalait de la sorte, on décerna son rappel; on chassa les quatre cents oppresseurs.

Sa réception et sa conduite à Athènes. Cet homme extraordinaire, qui aurait pu faire tant de bien, et qui avait fait tant de mal, fut reçu avec des transports de joie. Athènes se reprocha de l'avoir persécuté. Elle ordonna aux prêtres de lever les anathèmes lancés contre lui. La prêtresse Théano avait refusé son ministère à la haine, en disant : *Je suis prêtresse pour bénir, et non pour maudire.* On dut célébrer alors ce trait de sagesse. Alcibiade redevint l'idole du peuple. Sa politique formée par l'impression du malheur, lui fit prendre tous les dehors de la religion, pour effacer jusqu'au souvenir de l'impiété dont on l'accusait. Il célébra pompeusement les mystères de Cérès. Mais comment se garantir de la légèreté des Athéniens? Excités *Revers des Athéniens.* par un méprisable harangueur, ils rejetèrent des propositions de paix que firent les Spartiates. Cette imprudence attira de nouveaux malheurs. Lysandre, général de Sparte, demanda du secours aux Perses, et en obtint des sommes pour augmenter la paye de ses matelots. Il attira sur sa flotte une partie de ceux d'Athènes. Tandis qu'Alcibiade cherchait de l'argent en Ionie, Antiochus, qui commandait en son absence, fut battu. Les Athéniens, comptant sur des victoires rapides, irrités de cet échec, déposèrent Alcibiade, et mirent à sa place dix généraux.

Bataille des Arginuses. D'un autre côté, Sparte rappela Lysandre, dont elle craignait l'ambition. Callicratidas, son successeur, homme vertueux et intrépide, eut d'abord de grands succès. Mais Athènes équipa en peu de temps cent dix galères, pour secourir un de ses généraux, Conon, qui était assiégé dans le port de Mytilène. Le Spartiate se crut obligé de combattre des forces très-supérieures aux siennes. Il fut vaincu et tué à la bataille des Arginuses. La flotte des alliés y essuya une perte immense.

Après cette victoire, les Athéniens se déshonorèrent par la plus étrange injustice. Les généraux avaient destinés cinquante galères au soin d'enlever les morts et de leur rendre les derniers devoirs. Une tempête empêcha l'exécution de leurs ordres. Le peuple, aveuglé par la superstition, faisant dépendre de la sépulture le bonheur de l'autre vie, crut que les morts demandaient vengeance. Six des généraux furent accusés, furent condamnés au supplice, furent exécutés pour un crime imaginaire, au lieu d'être récompensés pour un service mémorable. C'est ainsi que des préjugés superstitieux peuvent étouffer tout sentiment et anéantir toute raison.

Sparte rendit le commandement à Lysandre, parce que les alliés le demandaient, et que ses talens pouvaient réparer le désastre des Arginuses. Il prit Lampsaques, sur les côtes de l'Hellespont. Les Athéniens le suivent promptement, et lui présentent la bataille. Il la refuse plusieurs jours de suite : il cherche à exciter leur confiance, afin de les attirer dans un piége. Comme ils n'avaient près de là ni ville ni port, la sécurité pouvait les perdre. Ils s'accoutumèrent à débarquer le soir, après avoir insulté l'ennemi tout le jour. Alcibiade, retiré en Thrace, vint les avertir du danger qui les menaçait, et ne fut point écouté. Enfin Lysandre saisit un moment où ils étaient dispersés, tomba sur leur flotte près d'Egos-Potamos, s'en rendit maître, tailla leur armée en pièces, et fit trois mille prisonniers.

On les dévoua au massacre. Philoclès, un des généraux athéniens, avait eu la même cruauté pour des prisonniers spartiates. Lysandre lui demandant de quelle peine il se croyait digne. *Tu es vainqueur* répondit-il, *use de tes droits, traite-nous comm nous t'aurions traité si nous avions été vainqueur* Qu'on juge par là de l'atrocité de cette guerre, et de traitemens à quoi l'on s'expose quand on manque d justice et d'humanité.

Athéniens assiégés. Bientôt après la défaite de ses troupes, Athènes e assiégée par mer et par terre. Ces républicains si or gueilleux, abattus par l'infortune, paraissent aus lâches qu'ils s'étaient montrés téméraires. Sans se dé fendre, ils offrent de tout céder, pourvu qu'on leu laisse la vie et le port. On délibère à Sparte sur leu propositions. Les Corinthiens et les Thébains voulaier qu'Athènes fût détruite; les Spartiates se souvinrer alors des services qu'elle avait rendus aux Grecs, e voulurent qu'on y eût égard.

Avant J-C. 404.

Traité qui mit fin à la guerre du Péloponnèse. On fit, avec les Athéniens, un traité dont voici le conditions : que les fortifications du Pirée seraient dé truites, avec le mur qui joignait ce port à la ville que les Athéniens livreraient toutes leurs galères excepté douze; qu'ils abandonneraient toutes les place dont ils s'étaient emparés; qu'ils rappelleraient le bannis; enfin, qu'ils feraient la guerre sous les ordre des Spartiates. Ainsi fut terminée, au bout de vingt sept ans, la guerre du Péloponnèse. L'ambition e avait été la cause, la haine y joignit toutes ses fureurs la Grèce y perdit tous les avantages que l'union ava auparavant procurés.

CHAPITRE XII.

Corruption de Sparte. Délivrance d'Athènes Procès de Socrate.

Conduite de Lysandre après sa vic- toire. L'AMBITIEUX Lysandre voulait dominer partout. Aprè sa victoire navale, il avait soumis plusieurs villes à de magistrats dont il pouvait disposer. Il changea aussi le gouvernement d'Athènes; et trente archontes qu'il y créa, furent des tyrans cruels et inexorables. Il corrompit les mœurs de Sparte, en y introduisant les richesses. Gylippe même, célèbre par la délivrance de Syracuse, fut tenté de dérober une partie de cet argent étranger : convaincu d'un vol si infâme, il s'enfuit pour éviter le supplice.

Sparte du moins était encore libre, tandis qu'Athènes gémissait dans l'oppression. Ses trente tyrans, selon l'historien Xénophon, firent mourir en huit mois de paix plus de citoyens que les ennemis n'en avaient tué en trente ans de guerre. Cette exagération prouve assez la grandeur du mal. Alcibiade, quoiqu'exilé, entreprit de délivrer sa patrie. Il partit pour la cour de Perse, où il se proposait de négocier en sa faveur. Les Spartiates, craignant ses intrigues, engagèrent le satrape Pharnabaze à ordonner qu'on l'assassinât.

Des satellites vinrent assiéger sa maison. N'osant y entrer, ils y mettent le feu. Alcibiade sort l'épée à la main, les repousse, est accablé des traits qu'ils lui lancent en fuyant, et meurt couvert de blessures. La Grèce n'aurait pas eu de plus grand homme, s'il avait su modérer ses passions et consacrer ses talens à la vertu.

Athènes trouva un autre vengeur dans Thrasybule. Il se mit à la tête des fugitifs, vint attaquer les tyrans, et les chassa. Les Spartiates s'efforcèrent en vain de les rétablir. On devait craindre que cette révolution ne coûtât beaucoup de sang, parce qu'il restait dans la ville beaucoup de coupables; mais un acte d'amnistie abolit le souvenir du passé, et augmenta la gloire de Thrasybule.

Les malheurs et l'expérience ne rendaient pas les Athéniens plus sages. Le fameux procès de Socrate les couvrit bientôt de honte, en mettant le comble à leurs injustices. Socrate était le modèle de la véritable phi-

losophie, qui éclaire l'esprit pour rendre le cœur vertueux. Il pratiquait parfaitement tous les devoirs. Bon
mari avec une femme acariâtre, brave guerrier dans
les armées, citoyen zélé et incorruptible dans les affaires, pauvre et désintéressé, ami de tous les gens de
bien, se dévouant à l'instruction de la jeunesse pour
former des sages, il méritait la reconnaissance et le
respect de sa patrie. Mais il méprisait les sophistes qui
jugeaient de tout sans rien savoir, et qui débitaient de
vaines paroles pour la science : les sophistes furent
donc ses ennemis. En se conformant à la religion grecque, il donnait à ses disciples des idées sublimes de
Dieu, propres à décrier les fables de la mythologie.
Ses ennemis Les superstitieux et les hypocrites furent donc ses
ennemis. Les uns et les autres conjurèrent sa perte.
Ils pouvaient armer contre lui la superstition populaire, moyen odieux, que les méchans ne rougissaient
pas d'employer contre la vertu.

Deux hommes infâmes, Anytus et Mélitus, devinrent
les chefs du complot. Aristophane, qui n'épargnait
rien dans ses comédies satiriques, irrité de ce que
Socrate n'approuvait point sa licence, lui porta le premier coup en le jouant sur le théâtre. Ce philosophe
assista tranquillement à la représentation de la comédie
des *Nuées*, où on le déchirait par le ridicule. *Je
m'imagine*, dit-il, *être à un festin où j'amuse tout
le monde.*

Circonstan-
ces de son
procès. Ensuite, Mélitus se porta ouvertement pour accusa-
teur ; il l'accusa de corrompre la jeunesse et d'intro-
duire de nouvelles divinités, ou plutôt de ne pas
reconnaître les dieux. Socrate se justifia par le simple
exposé de sa conduite. On le condamna néanmoins. Il
pouvait choisir pour peine une amende : ses amis
offraient de la payer; mais il refusa, de peur de paraître
s'avouer coupable : il dit même au peuple qu'il croyait
avoir mérité plutôt d'être nourri aux dépens de l'Etat.
Cette fierté de l'innocence irrite ses juges. On le

condamne à boire la ciguë; c'était la peine de mort. Il dit sans s'émouvoir : *Je vais mourir ; la nature m'y avait condamné dès ma naissance, la vérité condamnera bientôt mes accusateurs à l'infamie.*

Ses amis voulant le tirer de prison, et l'invitant à prendre la fuite, il répondit que ce serait outrager les lois. Le jour du supplice, il s'entretint avec eux sur l'immortalité de l'âme, vérité si consolante pour la vertu. Il but enfin la ciguë qui devait lui ôter la vie, comme si elle n'eût été qu'un remède salutaire. Après sa mort, les Athéniens ouvrirent les yeux, détestèrent leur propre injustice, honorèrent la mémoire de ce grand homme, punirent sévèrement ses accusateurs. L'accusation et le jugement étaient d'autant plus abominables, qu'on permettait aux poètes de jouer les dieux sur la scène.

Les trente tyrans avaient épargné Socrate, quoiqu'il se déclarât hautement contre eux. Ce fut peu après leur expulsion, l'an 400 avant J.-C., que la sentence du peuple le fit mourir. Les philosophes se multiplièrent cependant plus que jamais. Ils se divisèrent en plusieurs sectes; ils inventèrent toutes sortes d'opinions, opposées les unes aux autres; mais on ne vit plus de Socrate, qui eût la modestie d'avouer son ignorance, et qui ne cherchât dans ses travaux que la vérité et la vertu.

Les Grecs firent en ce temps-là une expédition célèbre. La cour de Perse était sujette à de fréquentes révolutions, parce que le pouvoir du prince y tenait lieu de lois. Des frères avaient tué, avaient détrôné leurs frères. Artaxercès Mnémon régnait alors. Son frère Cyrus, qui commandait dans l'Asie mineure, entreprit de le détrôner. Il engagea dans son parti les Spartiates, dont il s'était montré le protecteur : treize mille Grecs le joignirent sans savoir ce qu'il voulait faire d'eux.

Il les conduit vers Babylone. Artaxercès s'avance

avec une armée innombrable. Cyrus est tué dans
combat. Mais les Grecs, par leur courage et leur disc
pline, bravent cette multitude d'ennemis, et déclare
qu'ils mourront plutôt que de rendre les armes. Sa
cesse attaqués dans leur retraite, toujours victorieu
ils reviennent par l'Hellespont, au nombre de d
mille, après avoir traversé de la sorte cinq à six cei
lieues de pays. Xénophon, qui les commandait à la f
de la retraite, en a écrit les détails. Il loue beaucoup
jeune Cyrus. Quelque mérite qu'eût ce prince, on
peut que blâmer son ambition et condamner son e
treprise.

CHAPITRE XIII.

Agésilas en Asie. Traité honteux avec les Perse *République de Thèbes.*

Suite de cette retrai- te. **L**A retraite glorieuse des dix mille ranima parmi l
Grecs l'ardeur des combats. Leurs colonies asiatiqu
étaient en danger, parce qu'elles avaient eu part à
révolte de Cyrus. Ils prirent les armes pour les défend
et pour humilier encore les Perses. Agésilas, roi c
Sparte, fut chargé du commandement.

Agésilas. C'était un véritable héros, conservant les ancienn
mœurs de la patrie, soumis aux lois, d'autant plu
respecté des citoyens qu'il savait gagner les cœurs.
demanda trente capitaines pour composer son consei
En peu de temps il remplit l'Asie de la terreur de se
armes. Les officiers du grand roi ouvrirent une négo
ciation. Dans les conférences, il se montra insensibl
aux menaces et aux promesses : il triompha en quelqu
sorte de leur faste, par son héroïque simplicité.

Ligue con- tre Sparte. Déjà il se proposait de pénétrer dans l'intérieur d
l'empire; mais les intrigues et l'or des Perses avaien
excité contre Sparte une ligue dangereuse. Thèbes

rgos, Corinthe, Athènes se soulevèrent et ne voulu-
ent plus obéir. Lysandre, qui commandait sur l'Hel-
espont, accourut pour étouffer cette ligue; il fut tué
dans un combat inégal. Toujours ambitieux, quoique
pauvre, il avait formé un complot contre Agésilas.
Ainsi il méritait peu de regrets.

On sentit alors que le retour d'Agésilas était nécessaire. Les Ephores lui envoient ordre de revenir. Il
revient sans hésiter, sacrifiant les plus belles espérances
de victoire. *Je sais,* dit-il, *qu'on ne mérite de commander, que lorsqu'on se laisse gouverner par les
lois.* Il conduit les troupes en Béotie. Prêt à livrer la
bataille, il apprend qu'une flotte ennemie vient de dissiper celle de Sparte. Il dissimule cette nouvelle : il
fait un sacrifice d'actions de grâces, comme si l'ennemi
eut été vaincu. Après avoir encouragé ainsi ses soldats,
il attaque les Thébains à Coronée; il est blessé, et remporte cependant la victoire.

Mais Conon, général Athénien, ravagea les côtes de
Laconie, releva ensuite les murs d'Athènes avec des
secours d'argent fournis par les Perses. Sparte ne craignait rien tant que de voir son ancienne rivale reprendre des forces. Elle craignait moins de se déshonorer
en faisant avec les Perses un traité honteux : Antalcide,
ennemi d'Agésilas, en fut le négociateur. La principale
condition de la paix fut que les villes grecques de l'Asie
mineure demeureraient sous la domination du grand
roi. Les divisions de la grèce lui devinrent donc aussi
funestes que l'amour de la liberté et de la gloire lui
avait été autrefois avantageux. Ce traité est de l'an 387
avant J.-C., 107 après la bataille de Marathon.

Sparte recouvra son empire sur la Grèce, mais
l'exerça tyranniquement. Phébidas, un de ses généraux,
conduisait des troupes pour subjuguer les Olynthiens
en Thrace. Il campa en chemin près de Thèbes, où
deux factions mettaient la discorde. Un des chefs
l'ayant engagé à le seconder, il s'empara par surprise

Mort de
Lysandre.

Agésilas rap-
pelé d'Asie.

An *de J-C.*
387.
Traité hon-
teux de Spar-
te avec les
Perses.

Sparte s'em-
pare de Thè-
bes.

de la citadelle. Cette violence était horrible en plei
paix. Cependant lorsqu'on s'en plaignit à Sparte, Ag
silas dit simplement qu'il fallait examiner si la cho
était utile. Ce grand homme aimait trop la guerre,
suivait de fausses maximes républicaines, en suppos
que tout ce qui paraît utile est permis. Le jugeme
des Spartiates fut bien étrange. Ils condamnèrent Pl
bidas à une amende ; mais ils décidèrent que l'on m
trait garnison dans la citadelle de Thèbes.

Thèbes dé-
livrée par
Pélopidas.

Quatre cents Thébains qui s'étaient réfugiés
Athènes, furent bannis par un décret. Pélopidas, l'
d'eux, distingué par son mérite comme par sa na
sance, entreprit, quoique fort jeune, de tirer sa pat
d'oppression. Il s'y ménagea des intelligences, il
entra secrètement avec onze braves. Les magistr
oppresseurs sont massacrés ; on invite le peuple à ê
libre. Une armée athénienne arrive bientôt avec to
les bannis, la citadelle est assiégée, et les Spartia
sont forcés à la rendre.

Fautes des
magistrats
Thébains.

Si les magistrats thébains avaient eu plus de vigila
ce, ils auraient évité ce malheur. Dans un festin où
étaient rassemblés, un d'eux reçut une lettre, p
laquelle on lui donnait avis du complot. Il refusa
l'ouvrir, en disant : *A demain les affaires sérieuse*
Le coup fut porté, tandis qu'on oubliait les affair
pour les plaisirs.

Services
qu'Epami-
nondas rend
à sa patrie.

L'illustre Epaminondas, pauvre malgré sa nobless
philosophe paisible malgré ses talens, avait été lais
dans la ville par les tyrans, comme un citoyen incap
ble de leur nuire. Il contribua beaucoup au succès,
se joignant à Pélopidas. Tous deux, unis par le zèle
par l'amitié, ils firent la gloire et le bonheur de Thèbe
Les Athéniens, avec leur légèreté naturelle, abando
nèrent bientôt cette république. Mais un général
Sparte ayant voulu s'emparer de leur port, ils renoué
rent une alliance dont ils sentirent le besoin.

Agésilas en
Béotie.

Agésilas fut envoyé en Béotie. Appesanti par

vieillesse, il se contenta d'une guerre d'escarmouches, moins propre à soumettre les Thébains qu'à les aguerrir. Il revint couvert de blessures. *Vous voilà bien payé*, lui dit Antalcide, *d'avoir enseigné aux Thébains l'art de la guerre, qu'ils ne voulaient ni ne pouvaient apprendre avant vous.* En effet, ils se signalèrent dans le combat de Tégyre, où Pélopidas se fit jour à travers l'armée ennemie, trois fois plus nombreuse que la sienne.

Cependant la Grèce, lassée de ses divisions, désirait une paix générale. On ouvrit des conférences à Sparte. Epaminondas y soutint fièrement l'indépendance de sa patrie. Agésilas, trop aigri contre les Thébains, effaça leur nom du traité qu'on allait conclure. Les autres Grecs le signèrent par crainte. Un terrible orage allait fondre sur Thèbes, lorsqu'elle commençait à respirer.

Ligue contre Thèbes.

CHAPITRE XIV.

Succès des Thébains jusqu'à la mort d'Epaminondas.

IL semble que Thèbes devait être anéantie. Les Spartiates venaient l'attaquer, et le reste de la Grèce avec eux. Mais deux hommes, tels qu'Epaminondas et Pélopidas, suffisent à un peuple animé par le patriotisme. Le premier fut nommé général; le second n'étant plus en charge, commandait le *bataillon sacré*, composé de trois cents jeunes guerriers qui s'engageaient par serment à se défendre jusqu'à la mort. Quand il sortit de sa maison, sa femme, les larmes aux yeux, le supplia de se conserver. *C'est ce qu'il faut recommander aux jeunes gens,* répondit-il, *mais il ne faut recommander aux chefs que de conserver les autres.*

Suite de la guerre de Thèbes.

Au moment qu'Epaminondas se mit en marche, on

Sentiment d'Epaminondas sur les augures.

vint lui annoncer que les augures étaient sinistres.
réponse fut ce vers d'Homère : *Défendre la pat*
est le meilleur présage. Cependant pour prévenir
effets de la superstition, il fit supposer des augu
favorables, qui inspirèrent aux soldats une vive co
fiance. Un grand homme peut profiter des erreurs vu
gaires, pour l'avantage même du peuple dont el
font souvent le malheur.

Avant J-C.
370.
Bataille de
Leuctres.

La bataille de Leuctres fut décisive. Avec six mi
quatre cents hommes seulement, Epaminondas cr
devoir attaquer les ennemis, quoiqu'ils eussent pr
de vingt-six mille combattans. Il savait que les alliés
Sparte murmuraient contr'elle ; il voyait dans les Th
bains tout ce que l'amour de la liberté et l'horreur
la tyrannie donnent de courage : ce qui aurait été
d'autres temps plus que téméraire, ne l'était point da
de telles circonstances. Enfin, il fit de si belles dispo
tions, et fut si bien secondé, qu'il remporta une victoi
complète. Jamais les Spartiates ne perdirent tant
monde. Leur roi Cléombrote, et quatorze cents citoye
restèrent sur le champ de bataille.

Comment on reçut cette nouvelle à Sparte.

On célébrait à Sparte des jeux quand cette nouvel
y arriva. Les Ephores ne permirent pas de les inte
rompre. Ils envoyèrent dans les maisons la liste d
morts. On vit les femmes, dont les maris ou les f
avaient péri glorieusement, en témoigner leur joi
tandis que les autres ne pouvaient se consoler de
que les leurs avaient pris la fuite. On suspendit la pei
d'infamie que les fuyards devaient encourir, sans qu
on aurait manqué de défenseurs. *Il faut,* dit Agésila
laisser dormir les lois pour un jour, et leur rendr
ensuite toute leur force. Sparte, en cette occasion s
montra digne de son ancienne renommée.

Suite de cette victoire.

Comme une partie des alliés se détachait de la ligue
les Thébains pénétrèrent en Laconie, y portèrent l
ravage. Sparte n'avait point de fortifications. Agésila
s'y tint enfermé pour la défendre ; mais Epaminonda

l'aurait probablement forcée, s'il l'eût entrepris. Ne voulant pas détruire une ville si célèbre, il se contenta d'affranchir les Messéniens qu'elle opprimait, et il se retira couvert de gloire.

Pour cette expédition du Péloponnèse, il avait gardé le commandement quatre mois au-delà du terme prescrit, parce que le bien public l'exigeait. On en fit à son retour un sujet d'accusation capitale. Il se défendit lui-même, en disant qu'il accepterait volontiers la mort, si on voulait lui laisser toute la gloire de ses dernières actions, et déclarer qu'il les avait faites sans l'aveu de la république. On l'admira, au lieu de le condamner. Sa soumission aux lois le rendait encore plus respectable que la victoire. Ses ennemis lui firent donner, comme par insulte, un petit emploi indigne de lui. Il s'en acquitta très-soigneusement. *Les charges honorent les citoyens,* disait-il, *mais les citoyens peuvent aussi honorer les charges.*

Épaminondas accusé.

Athènes et plusieurs autres peuples se liguèrent de nouveau avec Sparte contre une république dont les succès excitaient leur jalousie. Les alliés s'adressèrent même aux Perses pour en obtenir du secours. Thèbes députa de son côté Pélopidas, qui se concilia l'estime d'Artaxercès, et lui persuada sans peine de favoriser sa patrie, plutôt que Sparte et Athènes, si long-temps ennemies des Perses.

Négociations avec les Perses.

Il fut employé ensuite contre Alexandre, tyran de Phères en Thessalie. Après l'avoir réduit à prendre la fuite, il se laissa malheureusement surprendre. Tout prisonnier qu'il était, il menaça le tyran de le punir. Le tyran demanda pourquoi il cherchait ainsi la mort. *C'est,* répondit Pélopidas, *afin que tu périsses plutôt, en méritant davantage la haine des dieux et des hommes.* Délivré par Epaminondas, et trop impatient de se venger, il s'exposa imprudemment dans une action, pour tuer Alexandre de sa propre main. Il expira de ses blessures, tandis que ses troupes rempor-

Mort de Pélopidas.

taient la victoire. On voit que la prudence ne réglait point toujours sa valeur, défaut d'autant plus considérable, que sa tête était plus précieuse à l'état.

An *de J-C.*
363.
Bataille de Mantinée.

La guerre s'était rallumée entre les Thébains et leurs rivaux. Epaminondas fait encore une tentative contre Sparte : il est obligé de revenir sur ses pas, de peur d'être investi par deux armées. Les ennemis le suivent de près. On en vient aux mains. Il déploie à la bataille de Mantinée toute la science militaire et tout le courage d'un héros ; mais il reçoit une blessure mortelle dans la poitrine. Les médecins annoncent qu'il doit mourir, quand on tirera le javelot dont il est percé. Alors il s'informe du succès de la bataille, et de ce que sont devenues ses armes. On lui montre son bouclier : on lui apprend que les Thébains sont vainqueurs. Il ne pense plus qu'à consoler ses amis : *Ne regardez pas ce jour comme le dernier de ma vie*, leur dit-il, *c'est plutôt le commencement de mon bonheur et le comble de ma gloire. Je laisse Thèbes triomphante : Sparte humiliée, et la Grèce libre.* Comme on regrettait qu'il n'eût point d'enfans, il ajoute que Leuctres et Mantinée lui en tiennent lieu et ne laisseront pas périr son nom. Enfin, il arrache lui-même le javelot, il expire sur-le-champ.

Mérite d'E-paminondas

Cicéron mettait Epaminondas à la tête des grands hommes de la Grèce. Ses qualités héroïques furent en effet rehaussées par tous les genres de mérite. La vertu en était la base. Il n'ambitionnait que le bien de sa patrie. Il conserva les sentimens de la piété filiale au milieu de ses trophées ; et, après la bataille de Leuctres, il se félicita surtout de la joie qu'en auraient ses parens. Modeste avec la science, *personne*, disait-on, *ne savait plus que lui et ne parlait moins.* Il pouvait s'enrichir, et fut toujours pauvre. Un de ses amis ayant besoin d'un talent, il l'envoya chez un autre citoyen le lui demander de sa part. Celui-ci vint en savoir la raison : *C'est que vous êtes riche*, lui-dit Epaminondas, *et que cet homme est dans le besoin.*

Thèbes, qui venait de jouer un si grand rôle par le moyen de Pélopidas et d'Epaminondas, retomba dans l'obscurité dès qu'elle les eut perdu l'un et l'autre. Les Thébains conservèrent leur réputation de peuple stupide. On l'attribue à l'air épais de la Béotie, où cependant le poète Pindare et l'historien philosophe Plutarque ont pris naissance. Quoiqu'il y ait des climats favorables au génie, il n'y en a donc aucun qui ne puisse être illustré par quelques grands hommes!

Obscurité dans laquelle se trouve Thèbes.

La bataille de Mantinée inspira aux Grecs le désir de la concorde, qu'ils auraient dû ne jamais rompre. Ils se réunirent pour que chaque ville conservât sa liberté. Sparte, voulant opprimer les Messéniens, n'entra point dans cette paix générale; elle envoya du secours aux Egyptiens révoltés contre le roi de Perse. Le vieux Agésilas conduisit les troupes, et mourut en revenant d'une expédition inutile. Trop passionné pour la guerre, il avait du moins les anciennes vertus de sa patrie. Voici une belle parole de lui, au sujet du roi de Perse. *Ce roi que vous appelez grand, peut il l'être plus que moi, à moins qu'il ne soit plus juste.*

Suite de la bataille de Mantinée.

Fin d'Agésilas.

L'histoire de la Grèce n'offre plus rien d'intéressant jusqu'au règne de Philippe de Macédoine. Sparte languit, Thèbes se fait oublier, Athènes s'affaiblit tous les jours. Plusieurs villes se révoltent contre elle. Les factions la déchirent au-dedans; ses orateurs entraînent le peuple au gré de leurs caprices : la violence même y prend la place des lois. Iphicrate, un des meilleurs généraux, se voyant accusé, arme une troupe de jeunes gens, et se fait absoudre à la vue de leurs poignards : *Je serais bien fou,* dit-il insolemment, *de combattre pour les Athéniens, et de ne pas combattre pour moi-même.* Tout est perdu, lorsque les passions n'ont plus de frein.

Décadence des Grecs.

CHAPITRE XV.

Commencement du règne de Philippe, roi de Macédoine.

Du royaume de Macédoine.

QUOIQUE les rois de Macédoine prétendissent descendre d'Hercule, les Grecs ne les regardaient point comme de leur nation, et les traitaient de barbares ainsi que les Perses. Depuis plus de quatre cents ans que ce royaume subsistait, il avait presque toujours eu besoin de la protection de Sparte ou d'Athènes. Mais le temps était venu qu'il devait l'emporter sur elles, et étendre au loin sa puissance.

Comment Philippe devint roi.

Après la mort du roi Amitans, 375 ans avant Jésus-Christ, ses fils se disputèrent le trône de Macédoine. Leurs discordes pouvaient le renverser. Pélopidas était alors employé par les Thébains contre le tyran de Phère. On eut recours à lui pour terminer ce différend. Il rétablit le calme ; il se fit donner plusieurs ôtages de la première noblesse, entr'autres Philippe, un des frères du roi Perdiccas, et il les envoya aux Thébains. Perdiccas étant mort, deux concurrens voulurent lui succéder à la place de son fils encore enfant. Alors Philippe, âgé de vingt-quatre ans, formé par les leçons d'Epaminondas, s'enfuit de Thèbes, arriva en Macédoine, se mit en possession du gouvernement, comme tuteur de son neveu. Quelque temps après il fut proclamé roi, parce que les Macédoniens avaient besoin d'un homme, non d'un enfant, pour rétablir leurs affaires.

Comment il forma ses troupes.

Philippe ne fut pas plutôt le maître, qu'il médita de grands desseins. L'essentiel pour lui était d'avoir d'excellentes troupes. Un de ses premiers soins fut de les discipliner. Il inventa la phalange qui devint si redoutable. C'était un corps de six à sept mille hommes, sur seize de profondeur, armés de piques, dont les dernières débordaient celles de la première ligne, pour former toutes ensemble un front impénétrable et terrible. Il traitait les soldats avec bonté, les appelait ses camarades, leur donnait l'exemple, et par là il en fit autant de héros.

Il joignait au courage et à la science militaire, une profonde politique encore plus propre à servir son ambition, la ruse, l'art de semer la discorde, celui de négocier avantageusement, et de ne prendre les armes qu'à propos, enfin tout ce que le génie peut inventer de moyens légitimes ou non ; c'est ce qui contribua principalement à ses succès. Il trouva des mines d'or en Macédoine : il les employa sans cesse à se faire des partisans prêts à lui vendre leur patrie. *Aucune forteresse n'est imprenable*, disait-il, *pourvu qu'un mulet chargé d'or puisse y monter.*

Sa politique.

Philippe voulait s'agrandir et dominer sur la Grèce. Il devait réussir dans ses projets, parce qu'il suivait avec autant de prudence que de vigueur, un plan de politique, au lieu que les Grecs n'en avaient aucun. Amphipolis, colonie athénienne, dont il s'empara, devint pour lui une barrière contre les incursions. La Thessalie était opprimée par des tyrans, il la délivra de leur joug ; et dès-lors la cavalerie thessalienne, jointe à sa phalange, lui donna beaucoup de supériorité. Il soumit quelques villes importantes de Thrace.

Ses premières entreprises.

Il voulait surtout posséder Olynthe, qui était une colonie considérable d'Athènes. Il l'assiégea. Les Athéniens envoient des secours insuffisans. Deux traîtres livrent Olynthe. Philippe savait profiter de la trahison, quoiqu'il en méprisât les auteurs. Ces traîtres, que les Macédoniens outrageaient de paroles, lui demandant justice, ne reçurent de lui qu'une réponse piquante : *Que vous importent*, leur dit-il, *les propos de gens grossiers qui nomment chaque chose par son nom ?* Ils n'avaient rien à répondre, puisque leur crime les couvrait d'opprobre.

Comment il s'empara d'Olynthe.

Le plus redoutable ennemi de Philippe fut l'orateur Démosthènes. Jamais homme ne porta plus haut le talent de l'éloquence. C'était le moyen d'exercer une sorte d'empire dans la république d'Athènes, ainsi tout excitait à le cultiver. Cet orateur était né avec une voix faible et un défaut de langue. Il fut hué la première fois qu'il harangua. Un comédien le consola en lui faisant voir que le succès dépendait beaucoup de l'action ou de la manière de prononcer un discours, et qu'il pouvait se corriger et se perfectionner par le travail. Il se retira dans un souterrain, il s'exerça sans relâche des mois entiers. Tantôt il allait déclamer au bord de la mer, pour s'accoutumer au bruit des assemblées; tantôt il déclamait en marchant, en grimpant, avec de petits cailloux dans la bouche, pour se délier la langue. Enfin, il força la nature, et il excella dans l'action, comme par la force du raisonnement et par le talent d'émouvoir. Il foudroyait ses adversaires; sa véhémence entraînait le peuple. Ennemi déclaré de Philippe, il traversa tous ses desseins.

Si Démosthènes était né dans un siècle où l'on eût conservé la passion de la gloire et des grandes entreprises, il aurait probablement opposé une barrière insurmontable à l'ambitieux Macédonien; mais Athènes avait entièrement dégénéré : une multitude d'âmes vénales se livraient à la corruption; les magistratures s'acquéraient par l'intrigue ou par des bassesses; les citoyens s'endormaient dans le repos, et des soldats mercenaires combattaient pour eux; le peuple était content, pourvu qu'on lui donnât des louanges et des spectacles; les représentations de quelques tragédies coûtaient plus d'argent que n'en avait coûté autrefois la guerre contre les Perses.

On défendit, sous peine de mort, d'interrompre, même en temps de guerre, les distributions qui se faisaient pour les jeux. Démosthènes attaqua deux fois indirectement cet abus énorme, en demandant qu'on

examinât et qu'on abolît les lois abusives et pernicieu-
ses. Son éloquence ne put l'obtenir. Il devait donc juger qu'Athènes n'était plus capable de grands efforts,
ni d'une constance à toute épreuve. Il fut plus ardent
que sage en l'excitant contre Philippe, et ses conseils
eurent des suites funestes, parce qu'ils ne convenaient
point aux circonstances.

Philippe trouva enfin l'occasion de pénétrer dans la
Grèce. Une guerre qu'on appela *sacrée*, la déchirait
depuis dix ans. Les Phocéens, voisins du temple de
Delphes, avaient, contre le droit public et religieux de
la Grèce, labouré quelques terres consacrées à Apollon.
Les autres peuples du voisinage avaient pris les armes
pour venger cet outrage fait à leur culte public; le conseil des Amphictyons, en condamnant les Phocéens
comme sacrilèges, avaient rendu leur châtiment iné-
vitable. Cependant Sparte et Athènes entrèrent dans
leur parti. Thèbes était dans l'autre. On se battait avec
fureur; on massacrait les prisonniers.

Guerre sa-
crée.

Le roi de Macédoine paraissait neutre, mais attendait
le moment de profiter de la discorde. Les Thébains lui
demandent du secours, et il se déclare. Il arrive aux
Thermopyles, se rend maître de ce passage, entre
dans la Phocide; et ne trouve point de résistance. Il
finit sans combat la guerre *sacrée*, il se fait ainsi une
réputation de prince religieux; réputation très-favo-
rable à sa politique : il dicte au conseil des Amphi-
tyons une sentence contre les Phocéens, par laquelle
on les exclut de ce conseil : il demande et obtient leur
place ; il obtient encore l'intendance des jeux pythiques, enlevée aux Corinthiens, parce qu'ils avaient
soutenu les sacrilèges. Le voilà comme il l'ambitionnait, devenu l'arbitre de la Grèce.

An de J-C.
346.
Fin de cette
guerre.

CHAPITRE XVI.

Fin du règne de Philippe , Phocion opposé à Démosthènes.

Nouvelles entreprises de Philippe.　**E**n se faisant respecter par les Grecs, Philippe avait surmonté le plus grand obstacle qu'il eût à craindre. Il dissimula encore ses projets; il retourna en Macédoine pour attendre les occasions. De nouvelles conquêtes autour de ses états le fortifièrent et l'enhardirent davantage. Il s'empara enfin d'une partie de l'île d'Eubée, qu'il appelait *les entraves de la guerre ,* parce qu'elle touche presque au continent. Démosthènes excita contre lui les Athéniens par ses éloquentes philippiques.

Démosthènes agit contre lui.　Mais Philippe ne laissa pas d'assiéger Bysance, dans la vue d'affamer Athènes, qui tirait de Thrace presque tous ses vivres. En même temps il s'efforça de persuader qu'il observait religieusement les traités, et qu'on les violait à son égard. Il reprocha surtout aux Athéniens de solliciter contre lui la cour de Perse. Démosthènes les avait réellement engagés à cette démarche humiliante. L'orateur ne cessa d'invectiver , jusqu'à ce qu'il eût fait prendre les armes. A l'entendre, Philippe était perdu. On envoya du secours aux Bysantins, sous les ordres de Charès, général si décrié, qu'ils ne voulurent pas le recevoir.

Athènes possédait cependant un homme admirable, et par ses talens et par ses vertus. C'était Phocion, vrai philosophe, habile général, orateur nerveux, sage politique. Démosthène, auquel il s'opposait souvent avec succès, le nommait *la cognée de ses discours.* Loin de flatter les Athéniens, il heurtait presque toujours leurs sentimens. Un jour qu'il fut applaudi de tout le monde : *N'ai-je point lâché quelque sottise ,* dit-il à un de ses amis? tant il connaissait la frivolité de ce peuple !

Phocion conseilla toujours la paix, parce qu'il pré- Avantage de Phocion sur Philippe.
voyait que la guerre ne produirait que des malheurs.
Il ne laissa pas de commander presque toujours les
armées, parce qu'on sentait le besoin qu'on avait de
lui. Il fut envoyé à la place de Charès. les Athéniens
parurent d'autres hommes sous ses ordres. Philippe
eut la prudence de se retirer; et les villes de Thrace,
qu'il menaçait, échappèrent au péril. Mais le mépris
des anciennes lois religieuses ralluma une nouvelle
guerre *sacrée*, qui le conduisit à son but. Il obtint,
par le moyen de ses pensionnaires, la qualité de général
des Grecs contre les profanateurs des terres de Delphes.
Il parut bientôt et s'empara d'Elatée, la plus forte place
de la Phocide.

Comme Thèbes était dans le voisinage d'Elatée, il Thèbes s'engage dans la guerre contre Philippe.
pouvait aussi en faire la conquête. Démosthène per-
suada aux Athéniens qu'il s'y préparait; il échauffa
leur imagination; et quoique les Thébains fussent leurs
ennemis, alliés même de Philippe, il inspira la résolution de s'unir à eux contre ce prince. On le chargea
de négocier l'alliance. Il se rendit à Thèbes, il communiqua son enthousiasme aux Thébains, et conclut
le traité.

Un insolent demandant alors à Phocion s'il osait bien Ce que pensait alors Phocion.
encore parler de paix : *Oui, je l'ose*, répondit le sage
Athénien, *et je sais pourtant que tu m'obéirais
pendant la guerre, et que je te serais soumis pendant la paix*. Démosthènes s'applaudissait de ce que
la guerre se ferait en Béotie, et non en Attique.
Phocion dit là-dessus : *Il faudrait penser aux
moyens de vaincre, plutôt qu'au lieu où l'on doit
combattre, car si nous sommes vaincus, tous les
malheurs sont à nos portes*. Mais on n'écoutait plus
la prudence; on se précipitait dans le danger. Quelques
oracles sinistres ne refroidirent point cette ardeur. Démosthènes les tourna en ridicule, disant que la pré-

tresse d'Apollon *philippisait*. Ce mot aurait paru une impiété dans la bouche de Socrate.

Avant J.-C.
338.
Succès de cette guerre.

Les Athéniens vont en hâte joindre les Thébains. Philippe ayant offert inutilement la paix, pénétra en Béotie. On combat près de Chéronée, avec des forces presque égales. Le jeune Alexandre, fils du roi de Macédoine, enfonce le bataillon *sacré* de Thèbes. Un des généraux d'Athènes enfonce de son côté quelques troupes, et les poursuit en désordre, comme si la bataille était gagnée. *Les Athéniens ne savent pas vaincre*, dit Philippe à la vue de cette imprudence. Il fait avancer sa phalange, tombe sur l'ennemi qui se croyait hors de tout danger, et remporte une victoire décisive.

Suite du combat de Chéronée.

Démosthènes, aussi lâche guerrier qu'ardent orateur, jeta ses armes en fuyant. Phocion n'avait pas le commandement de cette armée, et ce fut encore une grande faute des Athéniens. La manière dont Philippe traita les vaincus augmenta la gloire de son triomphe. Il renvoya les prisonniers d'Athènes sans rançon; il renouvela l'ancien traité avec la république; il accorda la paix aux Thébains, en laissant neanmoins garnison dans leur capitale. Combien n'était-il pas supérieur à ces Grecs qui l'avaient méprisé comme un barbare, et qui avaient exercé les uns envers les autres tant d'horribles barbaries!

Résolution de Philippe contre les Perses.

Philippe dominait en Grèce. Son ambition, sa politique, et peut-être l'amour de la gloire, lui inspirèrent une entreprise dont lui seul alors était capable. Il résolut de tourner ses armes contre les Perses : il espéra de renverser ou de démembrer leur empire. Il engagea les Grecs dans cette expédition, propre à flatter leur orgueil; il s'en fit nommer le chef. L'oracle, consulté selon la coutume, répondit en termes ambigus : *Le taureau est déjà couronné; sa fin approche, et il va bientôt être immolé.* Philippe crut, ou plutôt persuada que cet oracle annonçait la ruine du roi de Perse.

Il se hâta de célébrer le mariage de sa fille Cléopâtre, afin de n'être plus occupé que de la guerre d'Asie; mais au milieu des fêtes, il fut assassiné publiquement par Pausanias, jeune seigneur, qu'un oncle de Cléopâtre avait offensé, et qui n'avait pu obtenir justice. Telle fut la fin de Philippe, après un règne de vingt-quatre ans. On lui reproche des vices honteux, l'intempérance, la débauche, la perfidie. Il y joignait des qualités rares, sans lesquelles il n'aurait pu réussir, un génie profond, une prudence consommée, un courage invincible, et plusieurs traits de sa vie méritent d'être cités pour modèles.

On le pressait de chasser un honnête homme qui lui faisait des reproches : *Voyons auparavant*, dit-il, *si nous ne lui en avons pas donné sujet.* Ce hardi censeur était pauvre; il le secourut, et les reproches se changèrent en louanges. Philippe observa qu'*il dépend des princes de se faire aimer ou haïr.* Un prisonnier qui allait être vendu, l'ayant de même blâmé hautement, il lui fit rendre la liberté, en disant : *J'ignorais que cet homme fût de mes amis.* Il avait condamné une femme au sortir d'un grand festin. Elle s'écria : *J'en appelle à Philippe à jeun.* Il examina de nouveau l'affaire, connut qu'il avait tort, et répara son injustice. L'éducation de son fils Alexandre lui parut ne devoir être confiée qu'au plus grand philosophe de son siècle. Il écrivit donc à Aristote : *J'ai un fils; je remercie moins les dieux de me l'avoir donné, que de l'avoir fait naître du temps d'Aristote. Je me flatte que vous le rendrez digne de me succéder et de gouverner la Macédoine.* Avec de pareils sentimens, Philippe devait être cher à ses sujets. Avec ses talens militaires et politiques, il devait fonder une puissance formidable. Il prouva qu'un royaume bien gouverné est fort supérieur à de mauvaises républiques.

CHAPITRE XVII.

Règne d'Alexandre jusqu'à la bataille d'Arbelle.

Caractère d'Alexandre.

LA jeunesse d'Alexandre annonçait de grandes choses. Il avait appris de son père et d'Aristote tout ce qui pouvait élever son âme et son génie, naturellement portés à la gloire. Il montra bientôt sa passion pour celle des armes. L'Iliade d'Homère faisait ses délices, parce qu'il y trouvait les combats des anciens héros. On le vit quelquefois soupirer au récit des exploits de Philippe. *Mon père prendra tout*, disait-il à un de ses amis, *et ne nous laissera rien à faire.* Entretenant un jour des ambassadeurs du roi de Perse, il ne pensa point à s'informer des magnificences ni des plaisirs de l'Asie ; il s'informa de la distance des lieux, des forces de la nation, de la nature du gouvernement, de la conduite du monarque. Les ambassadeurs tout étonnés se disaient entr'eux : *Ce jeune prince est grand, le nôtre est riche.* Le courage, l'ambition, la politique, le goût des entreprises périlleuses pouvaient déjà se démêler dans son caractère. Il s'était signalé plus d'une fois sous les drapeaux de Philippe. Agé de vingt ans, lorsqu'il monta sur le trône, il était en état de se faire craindre et admirer.

Sentiment d'Athènes à la mort de Philippe.

Athènes se livra indécemment à des excès de joie, en apprenant la mort de Philippe ; et Démosthènes, en particulier, n'eut pas honte d'en donner l'exemple. Il fit remercier solennellement les dieux ; il fit décerner une couronne à Pausanias, le meurtrier de ce roi. Ensuite il anima les Grecs contre un *enfant*, un *imbécile* (c'est ainsi qu'il appelait Alexandre), dont le royaume menaçait ruine. Les peuples soumis par le père, soit Grecs, soit Barbares, crurent s'affranchir aisément de la domination du fils. Ils prirent les armes.

Les Macédoniens, effrayés de leurs mouvemens, conseillaient au jeune prince d'employer les voies de négociations et de douceur ; mais il sentait ses forces, il résolut de dissiper ses ennemis par les armes. Les Thraces, les Illyriens et autres barbares, furent bientôt punis de leur révolte. Alexandre parut ensuite devant Thèbes, qui avait massacré en partie la garnison macédonienne. Il offrit le pardon aux Thébains, pourvu qu'on lui livrât les coupables. Les Thébains refusèrent, voulurent combattre, et furent vaincus. Le vainqueur abandonna la ville au pillage, il ne laissa la liberté qu'aux prêtres et aux descendans du poète Pindare : il l'accorda aussi à une femme qui s'était vengée, par la mort d'un de ses officiers, d'une violence qu'elle en avait reçue.

Alexandre dissipe ses ennemis.

Avant J.C. 335.

Les Athéniens, tremblans à cette nouvelle, lui envoyèrent demander la paix. Démosthènes fut de l'ambassade. La peur le saisit en chemin, au point qu'il sé sépara de ses collègues, tant les plus hardis en paroles sont quelquefois réellement les plus timides ! Alexandre ne voulait pas détruire Athènes, si célèbre par ses grands hommes et par les monumens du génie. Il lui pardonna, sans exiger autre chose que le bannissement d'un factieux nommé Charidème.

Conduite des Athéniens après la prise de Thèbes.

Cette seule campagne l'ayant rendu aussi puissant que son père, il assembla à Corinthe les députés de toutes les républiques ; il leur proposa le grand dessein de subjuguer l'empire des Perses ; il se fit nommer le chef de l'expédition. Les principaux citoyens, et même les philosophes, vinrent alors le féliciter. Diogène le Cynique, fameux par son mépris des richesses et des bienséances, fut le seul qui ne parût point. Alexandre alla le voir. Témoin de la fière indépendance de cet homme, il dit, selon quelques historiens : *Si je n'étais pas Alexandre, je voudrais être Diogène.* Un tel sentiment aurait dû paraître déraisonnable ; car la philosophie est fausse ou ridicule, quand elle brave les principes et les devoirs de la société.

Celle d'Alexandre à la fin de cette campagne.

Ses prépa-
ratifs pour la
conquête de
l'Asie.

Alexandre retourna dans son royaume pour faire les préparatifs. Il refusa de se marier, craignant de perdre le temps à des noces. Il prodigua des largesses à ses officiers. Un d'eux lui demanda ce qu'il se réservait donc? *L'espérance*, répondit-il. Antipater fut chargé de garder la Macédoine avec treize mille hommes. Le roi n'en avait que trente-cinq mille dans son armée; mais excellentes troupes, sous les ordres de vieux capitaines. Il partit sans autres fonds que soixante et dix talens, et des vivres pour un mois. Il comptait sur sa fortune et sur la faiblesse de l'ennemi.

État de l'em-
pire des Per-
ses.

Depuis long-temps, en effet, l'empire des Perses menaçait ruine. Son excessive étendue, les vices du gouvernement, l'esclavage des peuples, la dépravation des princes devaient faciliter sa destruction. Les Satrapes, trop éloignés de la cour, étaient presque des souverains indépendans. La cour était un théâtre de crimes et de révolutions. Ochus, successeur d'Artaxercès, avait fait couler le sang de ses propres frères et de sa sœur. L'eunuque Bagoas l'assassina, mit à sa place Arsès, qu'il assassina de même; et à la place d'Arsès, il mit Darius-Codoman, qu'il aurait aussi assassiné, si ce prince ne l'avait prévenu. Darius régnait lorsqu'Alexandre passa en Asie.

Avant J.C.
334.
Comment
Alexandre
commença
cette guerre.

Ce héros, après avoir honoré en Phrygie le tombeau d'Achille, passa le Granique en présence des ennemis, et les mit en fuite. C'était une action très-hasardeuse, mais qu'il jugea nécessaire pour inspirer la terreur : le succès justifia sa témérité.

Conseil de
Memnon de
Rhodes.

Memnon de Rhodes, le meilleur général de Darius, avait conseillé inutilement d'éviter le combat et de ruiner le pays, afin que les Grecs manquassent de subsistance. Si le satrape de Phrygie avait voulu le croire, l'armée d'Alexandre devait se détruire d'elle-même. Il conseilla ensuite de porter la guerre en Macédoine, pour obliger le vainqueur d'aller défendre ses propres États. Darius y consentit, et chargea Memnon d'exécuter le projet. Mais ce général périt dans un siége : sa mort fit abandonner le seul moyen de salut.

L'Asie mineure fut soumise en peu de temps. On franchit les défilés de Cilicie, où les Perses n'osèrent se montrer ; on s'empara des richesses de Tarse, ville opulente, où ils commençaient à mettre le feu. C'est là qu'Alexandre, couvert de sueur, se baigna imprudemment dans le Cydnus. Il en sortit avec une maladie aiguë qui fit trembler pour ses jours. On lui avait écrit faussement que Philippe, son médecin, voulait l'empoisonner. Il lui montra la lettre, et avala une potion que Philippe lui présentait. Cette fermeté d'âme contribua beaucoup à sa guérison. *Ce qui arriva à Alexandre à Tarse.*

Darius s'avançait pour combattre. Au lieu d'attendre les Grecs dans les plaines d'Assyrie, où il aurait pu déployer contre eux toutes ses troupes, il s'engagea dans un défilé où elles ne pouvaient agir. Sa confiance aveugle lui fit rejeter les bons conseils. A quels malheurs ne l'exposait-elle pas ? La bataille d'Issus lui apprit qu'une armée innombrable, mal disciplinée et mal conduite, n'est rien contre de bons soldats commandés par un héros et par d'excellens capitaines. Trente mille Grecs qu'il avait à sa solde, disputèrent seuls la victoire : Alexandre les enfonça, après avoir dissipé le reste. *Conduite de Darius.*

Darius montra du moins de la valeur, il ne prit la fuite que lorsque les chevaux de son char eurent été percés de coups. Sa perte fut, dit-on, de cent dix mille hommes. Sa mère, sa femme, ses enfans, furent prisonniers. Alexandre alla les consoler, et les traita généreusement. Sisygambis, mère de Darius, le voyant entrer avec Ephestion, son favori, se jeta aux pieds de cet officier, qu'elle prenait pour le roi : avertie de sa méprise, elle craignit de l'avoir offensé : *Non, ma mère*, lui dit ce prince, *vous ne vous êtes point trompée, car il est aussi Alexandre.* *Ce que fit Alexandre après sa victoire.*

L'historien Quinte-Curce rapporte plusieurs traits pareils, qu'on doit révoquer en doute, parce qu'il est *Suite de la bataille d'Issus.*

peu véridique. Craignons de mêler la fable à l'histoire, et suivons la marche du conquérant. Après la bataille d'Issus, il passa en Syrie. Un de ses généraux prend Damas, où les trésors de Darius étaient renfermés. Il y avait, dit-on, plus de trois cents femmes, et plus de quatre cents officiers destinés à ses plaisirs et à son luxe; il y avait de quoi charger de butin sept mille bêtes de somme. Voilà ce qui rendait les rois de Perse aussi faibles qu'orgueilleux.

Alexandre ne poursuit pas Darius. Darius écrivit au vainqueur une lettre pleine de fierté, par laquelle il l'exhortait à finir une guerre injuste, en lui redemandant sa mère, sa femme et ses enfans. Alexandre répondit en maître de l'Asie, qu'il voulait être reconnu pour tel. Cependant il ne poursuivit pas alors les Perses. Il marcha vers Tyr, peut-être dans la vue de s'assurer l'empire de la mer et de contenir les Grecs : car il avait lieu de les soupçonner de mauvais desseins, puisqu'on avait trouvé à Damas des ambassadeurs d'Athènes, de Sparte et de Thèbes. Il se présenta comme pour faire un sacrifice à Hercule. Les Tyriens lui fermèrent leurs portes, et il entreprit de les forcer.

Il s'empare de Tyr. L'ancienne Tyr, cette ville célèbre de Phénicie, n'existait plus. La nouvelle était bâtie dans une île, vis-à-vis des ruines de l'ancienne. Elle paraissait imprenable sans flotte. Alexandre, qu'aucun obstacle ne rebutait, voulut joindre l'île au continent par une chaussée qui la rendit accessible. A force de travaux, l'ouvrage avançait. Les Tyriens et les flots le détruisirent. On recommença sans perdre courage. Quelques peuples de la côte, surtout les Sidoniens qu'Alexandre avait traités favorablement, lui fournirent enfin des vaisseaux. Il pressa le siége. Toutes sortes de machines de guerre y furent employées de part et d'autre. Après sept mois de résistance opiniâtre, la ville fut prise d'assaut. On massacra environ huit mille Tyriens; les prisonniers, au nombre de trente mille, furent vendus;

et le conquérant, souillé de carnage, fit son sacrifice à Hercule.

Selon Joseph, historien juif, il allait traiter de même Jérusalem ; mais à la vue du grand prêtre qui lui était autrefois apparu en songe, et lui avait promis la conquête de l'Asie il se prosterna pour adorer le nom de Dieu écrit sur ses ornemens pontificaux. *Renonce au projet d'assiéger Jérusalem.*

L'histoire d'Abdalonyme mérite d'être rapportée. Cet Abdalonyme, s'il faut en croire Quinte-Curce, né du sang royal de Sidon, était réduit à vivre de son travail en cultivant un jardin. Le roi Straton ayant été détrôné comme partisan de Darius, la couronne lui fut offerte. Il ne l'accepta qu'avec répugnance. Alexandre lui demanda comment il avait supporté la misère. *Plaise aux dieux*, répondit-il, *que je puisse soutenir la royauté avec la même force ! Ces mains ont fourni à tous mes désirs. Sans rien avoir, rien ne m'a manqué.* C'est du moins un trait de morale instructif. *Histoire d'Abdalonyme.*

Alexandre prit la ville de Gaza, courageusement défendue par Bétis. Soit colère, soit orgueil, ou cruelle politique, il s'y vengea encore d'une manière atroce. Dix mille hommes furent passés au fil de l'épée, tout le reste vendu, même les femmes et les enfans, et le brave Bétis, attaché par les talons à un char traîné autour de la ville, jusqu'à ce qu'il expirât. Alexandre se glorifiait d'imiter Achile par une telle atrocité. *Siège de Gaza.*

Il passa en Egypte. Les Perses s'y étaient rendus odieux, surtout en méprisant la religion du pays. Il fut reçu en libérateur ; et pour faire aimer sa domination, il permit aux Egyptiens de suivre leurs lois et leurs coutumes. *Ce qu'il fit en Egypte.*

Une folle vanité le conduisit au temple de Jupiter-Ammon, à travers des sables brûlans, où l'armée de Cambyse avait autrefois péri presque tout entière. Les historiens assurent qu'il s'en tira par une espèce de miracle. Il voulait se faire déclarer fils de Jupiter. L'o- *Temple de Jupiter Ammon.*

racle lui en donna le titre. Sa mère Olympias lui écrivit en plaisantant, *de ne point la brouiller avec Junon*. C'était lui faire entendre combien sa prétendue divinité était ridicule ; mais il croyait sans doute qu'elle ferait illusion au vulgaire.

Fondation d'Alexandrie

Il fonda en Egypte la ville d'Alexandrie, qui devint une des plus florissantes du monde. Par là il se montrait véritablement un grand homme. Des monumens utiles et durables procurent autant de gloire, que des conquêtes destructives doivent inspirer d'horreur.

CHAPITRE XVIII.

Fin du règne d'Alexandre.

Comment Alexandre reçut les propositions faites par Darius.

DARIUS avait envoyé de nouveaux ambassadeurs, pour offrir à Alexandre sa fille en mariage, avec toutes les provinces situées entre l'Euphrate et l'Hellespont. Il semble que la sagesse ne permettait pas de refuser. Parménion dit qu'il accepterait s'il était Alexandre ; *Et moi aussi*, répliqua le roi, *si j'étais Parménion*. Il rejetta ces offres avec dédain, voulant tout avoir, et s'exposant ainsi à tout perdre. Darius eut le temps de rassembler sept à huit cent mille hommes.

Avant J.C.
331.
Bataille d'Arbelles.

Son ennemi passa l'Euphrate et le Tigre sans obstacle. Les deux armées combattirent à Arbelles. L'aile gauche des Macédoniens fut en péril. La cavalerie des Perses pillait même déjà le camp, Alexandre victorieux de l'aile droite, envoya ordre de ne point s'inquiéter du bagage, et de ne penser qu'à vaincre. En conséquence, on redoubla les efforts, on les dirigea au point essentiel. La victoire fut bientôt complète, et coûta moins de douze cents hommes. Darius en perdit près de trois cent mille. Il fut entraîné par la fuite de ses troupes ; il est assassiné par Bessus, un de ses satrapes. Terrible sort d'un monarque si puissant, et plus estimable qu'aucun de ses prédécesseurs ! En lui finit l'empire des Perses.

Le conquérant, maître des principales villes , y trouva des richesses immenses, qui corrompirent les Macédoniens, comme elles avaient corrompu leurs ennemis. Il éprouva lui-même le poison de la fortune, il se livra aux excès de la débauche, du faste et de l'ingratitude. Le palais des rois à Persépolis fut réduit en flammes. On prétend qu'il ordonna cette barbarie dans une partie de débauche. Les Macédoniens le virent avec indignation quitter leur habillement, pour se revêtir de la pompe asiatique; ils le virent s'oublier jusqu'à prétendre aux adorations de ses sujets.

Une conspiration se forme dans le camp. Philotas, fils de Parménion, en est averti; mais la croyant fausse, il néglige d'en parler. Le roi le fait exécuter comme un traître. Parménion, qui avait eu l'estime de Philippe, Parménion à qui Alexandre était redevable d'une partie de ses succès, est ensuite assassiné par ses ordres. Il conserve cependant un tel empire sur ses soldats, qu'il désarme d'une parole les séditieux. Bessus avait pris le titre de roi dans la Bactriane et dans la Sogdiane, provinces du nord. Alexandre l'y poursuit, et ce meurtrier de Darius périt à son tour. Les Scythes mêmes sont vaincus. Les détails de tant d'expéditions seraient inutiles.

Une grande leçon pour les hommes, c'est l'horreur qui accompagne le meurtre de Clitus. Ce vieux officier avait sauvé Alexandre dans un combat : il en était chéri ; mais il conservait la liberté des anciennes mœurs. Un festin où il la poussa trop loin, fut l'occasion de sa mort. Le roi échauffé par le vin, s'étant mis à vanter ses propres exploits, et à rabaisser ceux de son père Philippe, Clitus ne put contenir son indignation, et l'offensa par des traits de mépris. Alexandre se lève furieux, saisit une javeline, le poursuit, le tue. Le remords et le désespoir suivirent cette action. Enfermé dans sa tente, il ne pouvait plus se souffrir lui-même. Mais les courtisans vinrent à bout de le calmer. On porta la bassesse jusqu'à décider par un décret que le meurtre de Clitus était un acte de justice. Dès lors, il ne resta plus ni justice ni liberté.

Callisthène accusé. Le philosophe Callisthène ayant combattu la proposition faite par un lâche courtisan, de rendre au roi les honneurs divins, devint un rebelle aux yeux de ce prince. On le supposa complice d'une conspiration; on le jeta dans un cachot sans aucune preuve, il y mourut. Les Macédoniens semblaient tomber sous le joug du despotisme.

Succès de l'expédition d'Alexandre dans les Indes. Si Alexandre avait eu la prudence de son père, il aurait cherché moins à étendre ses conquêtes qu'à les affermir : mais plus la fortune le favorisait, plus il se laissait aveugler par l'orgueil. Il s'imagina devoir marcher sur les pas d'Hercule et de Bacchus : il voulut subjuguer l'Inde; il y pénétra en surmontant tous les périls. Un des rois du pays, Taxile, vint lui offrir des présens, et obtint son amitié.

Défaite de Porus. Porus, autre prince, plus fier et plus courageux, se disposait à le repousser. Alexandre passe l'Indus, arrive au bord de l'Hydaspe, au-delà duquel était Porus avec une armée nombreuse. Il trompe l'ennemi par un stratagême, et traverse le fleuve sans être aperçu. Il défait les Indiens, malgré le courage de leur roi, malgré la terreur que devaient causer leurs éléphans, ces monstrueux animaux chargés de guerriers et exercés au combat. Porus lui est amené prisonnier. Le vainqueur lui demande comment il veut qu'on le traite : *En roi*, répondit-il. *J'y consens pour l'amour de moi-même*, dit Alexandre. En effet, il se l'attacha par un traitement généreux.

Fin de ses conquêtes. Après des fatigues et des exploits incroyables, il fut obligé de revenir sur ses pas, les troupes ne voulant plus le suivre dans ces pays inconnus. Il s'embarqua sur l'Indus pour voir l'Océan. Le flux et le reflux épouvanta ces pilotes grecs ; car ils n'avaient pas l'idée d'un phénomène si étonnant, quoique naturel. Il visita néanmoins deux petites îles pour satisfaire sa curiosité. C'est tout ce que lui valut son entreprise sur l'Inde.

On raconte qu'il avait dit en passant l'Hydaspe : *O Athéniens ! Croiriez-vous que je m'exposasse à tant de périls pour mériter vos louanges ?* On assure qu'il désirait de pouvoir être témoin de l'impression que ferait après sa mort la lecture de son histoire. La passion de la gloire l'animait certainement, et le soutenait dans des entreprises si prodigieuses ; mais il oubliait que la véritable gloire consiste à s'immortaliser par des choses louables, par des entreprises utiles. Un furieux, nommé Erostrate, avait brûlé le temple d'Ephèse, une des merveilles du monde, pour rendre son nom immortel. Un conquérant qui ne ferait que ravager et détruire, mériterait la célébrité de cet Erostrate.

Ce qu'il dit en passant l'Hydaspe.

Tandis qu'Alexandre parcourait l'Inde, les désordres se multipliaient dans la Perse. A son retour, il fallut punir des gouverneurs corrompus, et réprimer des séditions de troupes. Il épousa deux princesses du sang royal, dont l'une était Roxane. Pour unir les deux peuples, il engagea les Macédoniens à de pareilles alliances. Cette politique était nécessaire. Il conçut de grands projets de marine et de commerce. Il voulait creuser à Babylone un bassin pour une flotte nombreuse. Il descendit encore à l'Océan par le fleuve Eulée. Mais il touchait au terme fatal.

Son retour à Babylone.

Des excès de table avaient causé la mort d'Ephestion. Cet exemple ne l'ayant pas rendu plus sobre ; il mourut de la même manière à Babylone, âgé de trente-trois ans. Sa maladie fut longue, et lui laissa le temps de montrer une faiblesse superstitieuse. Il se livra en quelque manière aux prêtres astrologues, dont il avait méprisé auparavant les prédictions. Il ne voulut point désigner son successeur ; il dit qu'il laissait l'empire *au*

Avant J-C.
323.
Sa mort.

plus digne, ajoutant qu'on lui ferait des funérailles sanglantes. Les guerres civiles et le démembrement de ses Etats devaient être le fruit de tant de conquêtes.

CHAPITRE XIX

Affaires d'Athènes et de Macédoine.

Ce qui se passa en Grèce pendant l'absence d'Alexandre.

PENDANT les expéditions d'Alexandre, la Grèce fit quelques mouvemens pour reprendre son ancienne liberté. Sparte souleva le Péloponnèse ; mais Antipater dissipa bientôt cette ligue par une grande victoire. Harpale, gouverneur de Babylone, qui s'était rendu coupable d'injustice et de concussions, se réfugia ensuite à Athènes avec d'immenses trésors, lorsqu'Alexandre revenait de l'Inde. Il tâcha de gagner, à force d'argent, les orateurs qui pouvaient lui concilier le peuple. Il trouva Phocion incorruptible. Démosthènes, au contraire, se laissa corrompre ; et sa prévarication fut telle, que l'aréopage le condamna. Cependant les Athéniens ne chassèrent Harpale que par la crainte qu'Alexandre ne vînt les punir de l'avoir reçu.

Comment la nouvelle de sa mort fut reçue à Athènes.

Au premier bruit de la mort de ce monarque, ils font éclater leur joie, ils ne respirent que la guerre. En vain Phocion les exhorte à délibérer mûrement, ils députent à tous les peuples de la Grèce, pour les inviter à une ligue. Démosthènes, alors exilé, y entraîne ceux du Péloponnèse. On le rappelle glorieusement de son exil ; on le comble d'honneurs ; on prend les armes contre les Macédoniens. On eut d'abord quelques succès qui augmentèrent la confiance : Phocion en prévoyait les suites, et disait : *Quand cesserons-nous de vaincre ?*

Fin de Démosthènes.

Les alliés ayant essuyé un revers, firent la paix sans Athènes : elle subit bientôt la loi. Antipater lui fit payer les frais de la guerre, abolit la démocratie, mit garnison dans le port. Démosthènes devait lui être livré, mais il prit la fuite, et s'empoisonna, de peur de tomber entre ses mains. Les Athéniens lui érigèrent une statue, dont l'inscription portait : *Démosthènes, si tu avais eu autant de force que de jugement, jamais le Mars macédonien n'aurait dominé la Grèce.* L'audace imprudente de cet orateur avait cependant attiré en grande partie les malheurs publics. Si on avait eu la sagesse d'attendre les occasions, on en aurait trouvé de favorables.

Les capitaines d'Alexandre, gouverneurs de grandes provinces, ne restèrent pas long-temps unis. Ils avaient reconnu pour ses successeurs un enfant qui venait de naître de Roxane, et un frère d'Alexandre, incapable du gouvernement. Perdiccas, dépositaire de l'anneau royal, devait gouverner au nom de ces deux princes.

Désunion des capitaines d'Alexandre.

La jalousie arma contre lui ses anciens collègues. La régence passa d'une main à l'autre, sans que l'autorité du régent fût capable de réprimer l'indépendance. Polysperchon, qui en fut revêtu après Perdiccas et Antipater, voulant s'attacher les Grecs, rétablit le gouvernement de leurs villes, la démocratie d'Athènes en particulier. Son décret donna lieu aux Athéniens de renouveler leurs injustices.

Personne n'était aussi respectable que Phocion. Sa vertu, sa vieillesse, ses services, tout parlait en sa faveur, mais il était partisan de l'aristocratie, parce qu'il la croyait nécessaire pour prévenir les excès et les égaremens du peuple. Aristide avait pensé de même : l'expérience prouvait assez qu'il fallait ce frein à la fougue populaire. On n'en fut pas moins irrité contre Phocion. Des harangueurs imprudens se déchaînent contre lui, le rendent suspect, lui font ôter le commandement de l'armée.

Cause de la haine des Athéniens contre Phocion.

On l'accuse de trahison ; on le condamne dans une assemblée tumultueuse ; on lui donne, selon la coutume, le choix de la peine qu'il doit subir. Il demande

Sa mort.

la mort, pourvu qu'on épargne d'autres innocents accusés de même. Tous sont condamnés à la ciguë. Phocion, avant de la boire, donna un ordre pour son fils;
ce fut d'oublier l'injustice des Athéniens. Ceux-ci lui
érigèrent ensuite une statue; car la honte et le repentir
suivaient toujours des jugemens si odieux. Voici un
trait de la probité de Phocion. Son gendre ayant été
accusé d'avoir reçu de l'argent d'Harpale, il refusa de
solliciter pour lui : *Je t'ai fait mon gendre,* lui dit-il,
mais pour les choses honnêtes. Ce grand homme,
dans la pauvreté, faisant lui-même avec sa femme les
fonctions ordinaires des domestiques, avait refusé cent
talens qu'Alexandre lui fit offrir. *Il vous chérit comme
le seul homme de bien,* lui dirent les envoyés du monarque. *Qu'il me laisse donc être tel et le paraître,*
répondit Phocion.

Athènes se livrait à la discorde, sans rien prévoir,
sans prendre aucune précaution. Cassandre, rival de
Polysperchon, profita de cette imprudence; il s'empara
du port; il imposa les lois qu'il voulut; il rétablit l'aristocratie; il mit à la tête du gouvernement Démétrius
de Phalère, homme savant et sage, dont l'administration aurait fait le bonheur des Athéniens, s'ils avaient
pu changer de caractère. Il les gouverna dix ans.

Mais Démétrius-Poliorcète, fils de l'ambitieux Antigone, qui possédait une partie de l'Asie mineure, se
présenta au port d'Athènes, annonçant que son père
l'envoyait rétablir la démocratie. On le reçut avec
transport, on l'appela un *dieu sauveur.* On fit un
crime à Démétrius de Phalère, d'avoir souffert dans la
citadelle une garnison macédonienne, comme s'il avait
pu et dû l'empêcher. Les statues qu'on lui avait érigées
en grand nombre, furent détruites. Il fut condamné à
mort par contumace; car Poliorcète avait favorisé son
évasion. En apprenant l'outrage fait à ses statues : *Au
moins ils ne pourront pas,* dit-il, *détruire les
vertus qui me les ont procurées.* Il se retira en Egypte

auprès de Ptolémée, et se consola, par des travaux littéraires, de l'injustice des hommes.

CHAPITRE XX.

Partage de l'empire d'Alexandre. Irruption des Gaulois.

Les principaux capitaines d'Alexandre avaient trop d'ambition, étaient trop jaloux les uns des autres, pour rester tranquilles dans leurs divers gouvernemens. Un roi digne du trône aurait eu beaucoup de peine à les contenir, et deux fantômes de roi ne pouvaient qu'augmenter les troubles avec la licence. Il y eut des guerres d'autant plus affreuses, qu'elles étouffèrent les sentimens de la nature : les détails en seraient inutiles et très-fatigans. Il suffit de savoir que la mère, le frère, le fils, en un mot, toute la famille d'Alexandre, périrent par des meurtres, et que son vaste empire, le fruit de ses victoires, fut déchiré en lambeaux. C'est ce que l'ambition des conquérans a presque toujours produit. La bataille d'Ipsus, en Phrygie, décida du sort des généraux et des provinces. Antigone, contre qui les autres s'étaient ligués, y perdit la vie.

Ce qui se passa entre les capitaines d'Alexandre.

Avant J-C. 301.

Les vainqueurs firent un partage : Ptolémée eut l'Egypte, l'Arabie, la Palestine, etc. ; Cassandre, la Macédoine et la Grèce ; Lysimaque, la Thrace, la Bithynie, et quelques autres contrées ; Séleucus, le reste de l'Asie jusqu'au fleuve Indus. Ce dernier royaume fut le plus puissant des quatre. On l'appela le royaume de Syrie, parce qu'Antioche, la capitale, bâtie par Séleucus, était dans cette province.

Partage de son empire.

Après la mort d'Antigone, Démétrius-Poliorcète, son fils, dépouillé presque entièrement, se flatta de trouver une ressource dans la reconnaissance des Athéniens ; mais ils fermèrent leurs portes à celui qu'ils avaient appelé un *dieu sauveur*, pour qui ils avaient

Conduite des Athéniens à l'égard de Démétrius - Poliorcète.

eu des complaisances d'esclaves : on défendit même, sous peine de mort, de proposer un accommodement avec lui. On fut cependant obligé ensuite de le recevoir, et il se fit du moins honneur par sa modération envers ce peuple ingrat et infidèle.

Ce qu'il devient ensuite Cassandre étant mort, ses deux fils se disputèrent le trône de Macédoine. Un d'eux appela Démétrius à son secours; Démétrius l'assassina, et se fit proclamer roi. Il fut détrôné ensuite par Lysimaque, et mourut, comme il le méritait, fort malheureux. Cependant il avait acquis de la gloire par quelques belles actions : il s'était rendu célèbre par le siége de Rhodes, qui dura un an. Le peintre Protogène, logé dans un faubourg de cette ville, travailla sans inquiétude pendant le siége. Démétrius lui en témoigna sa surprise : *Je savais*, dit-il, *que vous aviez déclaré la guerre aux Rhodiens, et non aux arts.* Ce guerrier l'admira et le protégea.

Ptolémée-Soter. Au milieu des crimes, de l'ambition et des horreurs de la guerre, les lettres, les sciences, les beaux-arts pouvaient adoucir les maux du genre humain. Ptolémée-Soter, le plus estimable de tous les successeurs d'Alexandre, procura cet avantage à ses peuples. Il établit le *muséum* d'Alexandrie, espèce d'académie savante, qui répandit des lumières en Egypte; il fonda cette fameuse bibliothèque, qui s'accrut jusqu'au nombre de sept cent mille volumes. Il construisit la superbe tour de Pharos, où des fanaux éclairaient de nuit les navigateurs. Cet ouvrage méritait bien plus l'admiration que les inutiles pyramides des Egyptiens. Les Grecs avaient tiré d'eux leurs premières connaissances ; ils leur en portèrent de nouvelles, qui perfectionnèrent les anciennes.

Ptolémée-Philadelphe Ptolémée-Philadelphe, fils et successeur de Soter, suivit les traces de son père. Ainsi le commerce et les lumières eurent des progrès rapides; mais les crimes et les révolutions se renouvelèrent dans les autres monarchies. Lysimaque se rendit exécrable ; ses propres officiers engagèrent Séleucus à prendre les armes contre lui, et il fut tué dans un combat. Séleucus fut ensuite assassiné par Céraunus, qu'il avait comblé de bienfaits. L'ambition de régner, l'abus du pouvoir, les vices des cours, étaient le principe de tous ces maux.

Un déluge de Gaulois qui vint fondre sur la Grèce, *Avant J.C.* pouvait mettre le comble aux calamités publiques. Ce 278. peuple barbare et vaillant semblait entraîné loin de son Irreption pays par une inquiétude naturelle ou par la passion des des Gaulois. conquêtes. On verra dans l'Histoire Romaine les entreprises qu'il avait déjà faites en Italie. Brennus, un de ses chefs, s'était emparé de Rome. Un autre Brennus passa les Termopyles, et marcha à Delphes pour piller le temple d'Apollon. *Il est juste,* disait-il, *que les dieux fassent part de leurs richesses aux hommes, qui en ont plus besoin qu'eux, et en font un meilleur usage.* En insultant ainsi Apollon, il avait de quoi faire trembler ses adorateurs. Heureusement le ciel parut combattre pour eux.

Un orage affreux et un tremblement de terre firent tant Suites de d'impression sur les Gaulois, que, frappés d'une ter- cette irrup- reur panique, ils se tuaient les uns les autres dans les tion. ténèbres de la nuit. Les Grecs saisirent l'occasion, et les taillèrent en pièces. Tous périrent, selon des historiens crédules, qui font monter leur nombre à cent soixante-cinq mille hommes. Une autre armée de Gaulois passa l'Hellespont, et s'engagea au service de Nicomède, roi de Bythinie : ce prince leur donna le pays qu'on a appelé, de leur nom, Galatie ou Gallo-Grèce.

CHAPITRE XXI.

Ligue des Achéens, Agis et Cléomène.

La Grèce devait être bientôt engloutie dans l'empire Ce qu'était romain. Voici les derniers efforts de patriotisme et de la ligue des Achéens.

courage que nous présente son histoire. Douze villes obscures de l'Achaïe, dans le Péloponèse, avaient formé très-anciennement une ligue pour leur sûreté commune. Un sénat réglait les affaires; deux préteurs annuels y présidaient et commandaient les troupes, ayant un conseil de dix personnes, sans lequel ils ne pouvaient rien entreprendre. Cette ligue s'était maintenue sans trouble jusqu'au temps où les rois de Macédoine, successeurs d'Alexandre, changèrent la constitution de presque toute la Grèce. Alors chaque ville eut un tyran ou une garnison étrangère. Mais l'amour de la liberté se réveilla : on tenta de renouer l'alliance; les Achéens secouèrent le joug, et un chef habile augmentant leurs forces, les rendit bientôt respectables.

Avant J.-C.
270.
Aratus chargé du gouvernement.

Aratus, jeune homme zélé et magnanime, qui venait de délivrer Sicyone, sa patrie, de la tyrannie de Nicolès, fit entrer cette ville importante dans la confédération. Les confédérés le jugèrent digne du gouvernement. On l'élut seul préteur, et il conserva toujours l'autorité. Il forma le dessin d'affranchir tout le Péloponèse, d'y rétablir l'ancienne liberté de la Grèce, d'y braver même la puissance des Macédoniens. Il était lent et timide à la tête d'une armée, autant qu'il était admirable pour les coups de main ; sans ce défaut, il aurait eu de plus grands succès.

Enlève aux Macédoniens la citadelle de Corinthe.

Antigone - Gonatas fils de Démétrius - Poliorcète. était devenu roi de Macédoine. Il possédait la citadelle de Corinthe, qui dominait, en quelque sorte, les deux côtés de l'isthme. Avec cette place, il semblait toujours menacer la Grèce entière. Aratus veut la lui enlever, entreprise extrêmement hardie, mais dont les difficultés n'étonnent point son courage. Un homme s'offre à le conduire au pied de la citadelle par un sentier détourné, pourvu qu'on dépose soixante talens, qui devaient être la récompense du service. Pour suppléer au défaut d'une somme si considérable, Aratus engage sa vaisselle, les joyaux de sa femme, tout ce qu'il a de précieux. Il achète, dit Plutarque, le plus grand péril aux dépens de toute sa fortune, sans que personne sache le secret, sans autre gage que l'espérance de servir sa patrie. Un roc escarpé, sur lequel était située la citadelle, paraissait inaccessible. Il y monte cependant, il surprend et chasse la garnison. Les Corinthiens l'honorent comme leur libérateur, et s'associent à la ligue des Achéens. Aratus s'efforça en vain d'y attirer la ville d'Argos; mais il persuada au tyran de Mégalopolis de se démettre volontairement, et d'unir son peuple à cette confédération.

Une révolution de Sparte changea les affaires du Péloponnèse. Il ne restait presque plus de vestige des lois de Lycurgue. Les richesses avaient entièrement corrompu les mœurs. Chacun pouvait disposer de ses biens. L'ancien partage des terres ayant disparu, l'avarice ne connaissait point de bornes; le peuple gémissait dans la misère; et les travaux mécaniques, devenus nécessaires pour la subsistance, avaient fait abandonner les exercices qui entretenaient le courage et la discipline. Le roi Agis, jeune prince animé de l'enthousiasme de la vertu, entreprit une réforme totale. Voulant rétablir les lois de Lycurgue, il commença par les pratiquer.

La jeunesse, ardente ou pour le bien ou pour le mal, entra dans ces vues; mais ceux qu'une longue habitude avait endurcis, frémissaient à la seule idée d'un changement contraire à leurs passions. Quelques uns des principaux furent cependant gagnés. On déposa l'autre roi, Léonidas, qui s'opposait à la réforme. Agis demandait qu'on ordonnât le partage des terres. Un éphore intéressé le trompa, en lui persuadant de faire abolir les dettes avant tout. Cet éphore était lui-même obéré. Quand les contrats furent brûlés dans la place publique, il dit en riant qu'*il n'avait jamais vu de feu si beau.* Il trouva ensuite des prétextes pour retarder le partage.

Sur ces entrefaites, les Achéens, alliés de Sparte, demandent des secours contre les Etoliens. Agis part avec les troupes : il fait admirer l'ancienne discipline de sa patrie; mais on profite de son absence pour cabaler contre lui. A son retour, les factieux étant les maîtres, Léonidas étant rétabli, on le traîne en prison comme un criminel. Les éphores vont l'interroger sur les innovations qu'il a voulu faire, sur le repentir qu'il doit en avoir. Il répond que l'appareil même de la mort ne le ferait pas repentir d'une si belle entreprise. Alors, sans respect pour la royauté, on le condamna au supplice. Un des exécuteurs versait des larmes. *Cesse de me plaindre*, lui dit Agis, *en souffrant une mort injuste, je suis plus heureux que mes meurtriers.* Sa mère et son aïeule étaient venues pour le voir dans la prison; ces barbares les font entrer, et on les étrangle sur son cadavre. Sparte, souillée de telles horreurs, ne paraît plus qu'une caverne de brigands. Léonidas mourut peu après.

Cléomène, son fils, avait épousé la veuve d'Agis. Cette princesse qu'il aimait, l'excita vivement à exécuter la réforme. Il l'entreprit, quoiqu'il eût moins de vertu que d'ambition. Peut-être ne vit-il que ce moyen d'acquérir de la gloire et de la puissance.

Pour arriver à son but, il avait besoin d'employer la force, car les esprits n'étaient nullement disposés à la persuasion. Quelques hostilités des Achéens, qui voulaient obliger Sparte d'entrer dans leur ligue, lui fournirent un prétexte de prendre les armes. Avec cinq mille hommes seulement, il leur présente la bataille. Aratus se retira, quoiqu'il en eût vingt mille. Fier de ce premier succès, Cléomène répétait l'ancien mot d'un roi de Sparte : *Les Spartiates ne demandent point quel est le nombre des ennemis, mais où ils sont.* Il remporta ensuite une victoire qui augmenta sa confiance.

A son retour, il employa la violence contre ceux

dont les oppositions étaient à craindre. Les éphores furent massacrés ; quatre-vingts citoyens furent bannis. On pouvait dès-lors dominer sur les suffrages ; mais des vues si odieuses pouvaient-elles inspirer l'amour des lois et du bien public ? Cléomène mit le premier ses biens en commun ; ses amis l'imitèrent, et l'on fit le même partage des terres qu'autrefois. Il rétablit les exercices, les repas, tels que du temps de Lycurgue. Il prit pour collègue son frère Euclidas, quoique les deux rois eussent toujours été de deux branches différentes des Héraclides. Par là il fortifiait son autorité.

Le grand objet de Cléomène était de reprendre la supériorité dont Sparte avait joui plusieurs siècles. Il demanda aux Achéens le commandement de leur ligue. Aratus l'aurait eu pour maître, et était d'autant plus éloigné d'y consentir, que ce prince paraisssait moins modéré. Prévoyant que les Spartiates l'attaqueraient, et ne se croyant pas assez fort contre eux, il eut recours au roi de Macédoine, dont il s'était montré l'ennemi implacable. C'était en quelque sorte détruire son propre ouvrage ; mais la ligue achéenne était prête à se dissoudre s'il eût pris un autre parti, tant elle haïssait les Spartiates : Aratus céda donc au temps.

Cléomène s'était déjà emparé de Corinthe, lorsque le roi de Macédoine, Antigo-Doson, fut appelé au secours du Péloponnèse. On lui remit en gage la citadelle de cette ville, qu'Aratus avait enlevée glorieusement à sa couronne. Quelque redoutable que fût cet ennemi, Cléomène s'empara du Mégalopolis, presque sous ses yeux. Cependant il avait peu de ressources ; elles furent bientôt épuisées. Il se vit réduit à défendre la Laconie ; et manquant de vivres et d'argent, il voulut hasarder une bataille décisive à Sélasie : il fut vaincu par Antigone.

Philopémen de Mégalopolis, jeune homme né pour de grandes actions, contribua beaucoup à la victoire, en attaquant un corps de Spartiates contre l'avis des officiers supérieurs, contre les ordres mêmes du roi : Antigone affecta d'en faire des reproches au chef de la troupe. Comme celui-ci rejetait la faute sur Philopémen : *Ce jeune homme*, lui dit-il, *s'est conduit en grand capitaine, parce qu'il a saisi l'occasion ; et vous, capitaine, vous avez agi en jeune homme.* Philopémen avait donc interprété les intentions du général. Le succès pouvait seul le justifier aux yeux d'Antigone.

Ce que devint Cléomène après sa défaite.

Cléomène, après sa défaite, conseilla aux Spartiates de recevoir Antigone, à qui l'on ne pouvait résister ; mais ne voulant pas lui-même subir la loi, il s'embarqua pour l'Egypte. Un de ses amis l'exhortait à mourir plutôt volontairement. Il répondit que c'était lâcheté de se tuer, par la crainte d'une fausse honte ou par le désir d'une fausse gloire ; qu'il se croyait obligé de se réserver pour le service de la patrie, et qu'il lui serait facile de mourir quand il aurait perdu toute espérance. Le courage ne lui manqua jamais ; la modération et la prudence lui manquèrent presque toujours.

Sa mort en Egypte.

Il espérait des secours de Ptolémée-Évergète, roi d'Egypte. Ce prince, touché de sa grandeur d'âme, voulait réellement le secourir ; mais la mort prévint l'exécution de ses desseins. Ptolémée-Philopator, son successeur, se livra aux plaisirs, et Cléomène fut abandonné ; il fut même maltraité et gardé à vue. Alors, avec un petit nombre d'amis, il tenta un coup de désespoir, trompa ses gardes, courut dans les rues d'Alexandrie, excita le peuple à la révolte. On ne remua point. Les Spartiates, au nombre de treize, ne pouvaient échapper au supplice que par une mort violente : ils se tuèrent les uns les autres. Le corps de Cléomène fut attaché à une croix.

Etat de Sparte.

Tout ce qu'il avait exécuté à Sparte étant détruit, Antigone n'exerça dans cette ville aucun acte de rigueur, et permit aux citoyens de se gouverner selon leurs lois. On rétablit les éphores. La race des Héraclides s'éteignit bientôt après. Les Spartiates eurent leurs tyrans particuliers, comme plusieurs peuples de la Grèce, et leur ancienne gloire n'exista plus que dans les livres. Le projet d'Agis et de Cléomène, de rétablir la législation de Lycurgue, était chimérique, dans un temps où la contagion du vice avait fait tant de progrès.

La ligue des Achéens se soutint par la prudence d'Aratus. Il eut toute la confiance d'Antigone Doson. Il eut, au commencement, celle de Philippe, successeur de ce prince. Mais la flatterie corrompit bientôt Philippe; la probité d'Aratus lui devint suspecte, et il le fit empoisonner.

Philopémen, meilleur général que lui, et comparable aux plus grands hommes de la grèce, devint le héros de la république. Elle conserva l'amour de la liberté, même lorsque Rome commençait à dominer dans la Grèce. Mummius ayant pris Corinthe, ce coup fatal annonça la révolution qui devait rendre tous les Grecs sujets des Romains. Mais la Grèce exerça sur les conquérans du monde une sorte d'empire plus glorieux que les conquêtes, l'empire de l'esprit et de la littérature; elle leur fit connaître les vraies beautés de la poésie, de l'éloquence, de l'histoire, de la morale; elle forma les Térence, les Cicéron, les Virgile, les Horace, et ces grands hommes qui se distinguèrent par l'urbanité et la science, ainsi que par de sublimes actions. Nous devons nous-mêmes beaucoup aux Grecs, puisqu'ils nous offrent des modèles dans tous les genres de mérite.

Fin d'Aratus

Avant J-C. 146.

Fin de la ligue des Achéens et de la liberté de la Grèce.

CHAPITRE XXII.

Sur les Arts, la Littérature et les Sciences de la Grèce.

I.

Les Grecs, en acquérant des lumières, connurent
bientôt tous les avantages de l'Agriculture, pour laquelle ils avaient au commencement une extrême
aversion. Sans les productions de la terre, les autres
biens seraient inutiles, comme on le voit par la fable
de Midas; aussi de grands princes, de grands philosophes, ont-ils fait de l'agriculture un objet particulier
de leurs soins et de leurs études.

Agriculture.

Le commerce peut seul suppléer à la fertilité du
sol, en facilitant les échanges. C'est par là que les Phéniciens jouirent de tous les avantages de la vie. Les
Athéniens cultivèrent surtout l'olivier, parce que le
sol de l'Attique se refusait à d'autres productions; mais
leurs colonies, et particulièrement Bysance, leur four-
nissaient des grains. Xénophon les exhorte dans un
ouvrage politique à favoriser les commerçans, citoyens
ou étrangers, à leur faire des avances, à leur fournir
des vaisseaux, en prenant les sûretés convenables. La
richesse des particuliers, comme il l'observe, fait la
richesse de l'état. Corynthe et Syracuse florissaient par
le commerce. Alexandrie, sous les Ptolémées devint
encore plus florisante. Un canal de communication,
depuis Coptus jusqu'à la mer Rouge, bordé d'hôtelle-
ries, attira toutes les mrchandises de l'Asie méridionale.

Commerce.

Périclès avait encouragé tous les beaux arts. Ils con-
tinuèrent pendant deux siècles à produire des chefs-
d'œuvres. Les trois ordres d'architecture grecque, le
dorique, l'ionique et le corinthien subsistent comme
des règles immuables. Plus le goût se perfectionne,

Architectur

plus il se rapproche de la noble simplicité des anciens. Une loi d'Ephèse prévenait de grands abus pour la dépense des édifices publics. L'architecte, avant d'entreprendre quelque ouvrage, devait en déclarer le prix et engager tous ses biens. Si la dépense n'excédait pas le marché, on le récompensait; si elle était plus forte d'un quart, on payait le surplus; si elle montait au-delà, c'était sur le compte de l'architecte.

Avant Phidias, les statues des Grecs, comme celles des Egyptiens, avaient les bras collés sur le corps, les jambes et les pieds joints l'un contre l'autre, sans geste, sans attitude et sans grâces. Il perfectionna la sculpture par sa science autant que par son talent. Il avait fait une statue pour être placée sur une colonne. Alcamène, son rival, en avait fait une autre. Quand on les examina de près, la première parut hideuse, et la seconde admirable. *Placez-les où elles doivent être,* dit Phidias. Il savait l'effet que l'élévation devait produire. On fut bientôt détrompé.

Myron, Lysippe, Praxitèle et quelques autre sculpteurs s'immortalisèrent par leurs ouvrages. Deux Vénus de Praxitèle excitaient l'admiration. Il en donna le choix pour le même prix aux habitans de Cos, qui préférèrent la moins belle, parce qu'elle était voilée, et l'autre nue. Cet exemple aurait été digne des Spartiates.

Les prodiges que l'on raconte de la peinture grecque paraissent d'autant moins croyables, que les Grecs employaient seulement quatre couleurs. Les peintres célèbres, Polignote, Apollodore, Zeuxis, Parrhasius, Timante, Appelle, Protogène, etc., furent en général très-considérés, et quelques-uns ridiculement orgueilleux. Les Athéniens auraient été plus louables d'exciter et de récompenser les talens, si les talens agréables n'avaient pas eu la préférence sur ceux qui la méritaient par l'utilité et par les services.

La corruption des mœurs, l'oubli des principes et

des devoirs, venaient en partie de cet abus. Dans le temps qu'on ne s'occupait que de tableaux, de statues et de spectacles, la courtisane Phryné, maîtresse de Praxitèle, eut l'effronterie de s'engager à rebâtir Thèbes, pourvu qu'une inscription portât : *Alexandre a détruit Thèbes, et Phryné l'a rétablie.* Zeuxis, couvert de pourpre et d'or, éblouissait les yeux par son faste : aux jeux olympiques, Parrhasius se montrait avec insolence, une couronne d'or sur la tête, vers le même temps où Socrate et Phocion burent la ciguë.

Musique.

Une chose bien remarquable dans les coutumes des Grecs, c'est l'importence qu'ils attachaient à la musique. L'harmonie faisait la plus vive impression sur leurs organes : elle avait adouci leurs mœurs; elle excitait leur courage dans les combats; elle élevait leur âme par les louanges des grands hommes; car le chant, les instrumens et la poésie, tendaient à ce but. Tout cela était compris dans le mot *Musique.* On en faisait une partie essentielle de l'éducation. Les lois de Sparte défendaient toute innovation en musique, de peur qu'il n'en résultât d'autres changemens pernicieux. Cet art semble avoir été considérablement perfectionné par les modernes, quoiqu'ils ne produisent plus les mêmes effets.

Art militaire.

Du temps d'Homère, les Grecs ignoraient encore l'art militaire, car on n'en voit presqu'aucune trace dans ses descriptions de siéges et de combats. Ils devinrent très-habiles par l'expérience et la réflexion. Les campemens avantageux, les savantes dispositions de bataille, les belles manœuvres, tous les moyens d'attaque et de défense furent connus et pratiqués. Il ne faut que lire les siéges de Syracuse et de Tyr pour juger des ressources que procurait la science, ainsi que le courage. L'infanterie faisait la force des armées. La cavalerie, peu nombreuse, faute de chevaux, combattait en bon ordre, sans que l'on connût l'usage des étriers ni des selles. On avait abandonné les chars, beaucoup plus dangereux qu'utiles.

On ne négligeait rien pour former d'excellens soldats. Les Spartiates, quoique accoutumés dès l'enfance à braver la mort, portaient à la guerre des habits rouges, afin que le sang des blessés ne parût point. La discipline, les récompenses et les peines, la passion de la gloire et la crainte de l'infamie, donnèrent surtout aux Grecs un grand avantage sur leurs ennemis. Chaque citoyen était soldat, et devait porter les armes jusqu'à soixante ans. Des hommes qui combattent pour leurs biens, pour leur famille, pour leur liberté, paraissent infiniment supérieurs à des guerriers ordinaires. Cependant que ne peuvent pas faire aujourd'hui la discipline et même l'honneur !

Comment on formait les guerriers.

II.

Un goût délicat, une imagination vive, une langue riche et harmonieuse, ont rendu les Grecs, en matière de littérature, les maîtres et les modèles de tous les peuples éclairés. Leur langue incomparable embellissait tout. Dans Homère, elle réunissait déjà les grâces, la force et la majesté. C'est une preuve qu'il y avait eu avant lui de bons écrivains, car les langues se forment avec lenteur, et ne peuvent se perfectionner que par les travaux littéraires.

Ce qu'il faut penser des Grecs en fait de littérature.

La poésie a presque toujours devancé les autres genres. Une espèce d'instinct porte les hommes sensibles à chanter leurs plaisirs, les dieux qu'ils adorent, les héros qu'ils admirent, les faits qu'ils veulent graver dans la mémoire. Aussi trouve-t-on des vers chez les sauvages. Ce bel art devrait être consacré au bien public. Le but de l'Iliade d'Homère, est d'étouffer la discorde parmi les Grecs, et d'exciter en eux l'héroïsme. Les vertus pacifiques étaient peu connues alors, puisqu'il ne les a point célébrées.

Poésie cultivée la première.

Ses poëmes firent naître la tragédie. En représentant sur le théâtre des actions qui plaisaient à la lecture, on

A qui est due l'idée de la tragédie.

augmenta le plaisir et l'utilité. Les pièces d'Eschyle, le contemporain de Xercès, inspiraient la haine de la tyrannie. Sophocle fut témoin de ses succès et les surpassa. Euripide, rival de Sophocle, rendit la tragédie plus touchante et plus morale. C'est ainsi que l'émulation donnait du ressort aux talens. Dès le temps de Solon, Thespis avait inventé l'art dramatique ou les représentations théâtrales ; mais ces pièces étaient de mauvaises farces, qui servirent seulement à préparer les voies au génie.

Ce qu'était la comédie chez les Athéniens.

On ne conçoit pas comment les Athéniens, après avoir goûté la morale de leurs poètes tragiques, pouvaient applaudir aux bouffonneries indécentes d'Aristophane, ni comment ils lui permettaient de jouer les dieux, le gouvernement, les magistrats, les Socrates. Telle fut la licence de *l'ancienne* comédie ; elle immolait tout à la satyre, et ce peuple n'avait pas honte de l'approuver. La comédie *moyenne,* qui commença sous les trente tyrans, déguisa les noms, mais outragea également les personnes. Alexandre en réprima l'abus. La *nouvelle* comédie peignit les mœurs sans blesser les citoyens. Ménandre y excella, et nous devons d'autant plus regretter la perte de ses ouvrages, qu'ils ont servi de modèles à Térence.

Autres genres de poésie.

Hésiode, Alcée, Sapho, Pindare, Simonide, Anacréon, Théocrite, etc., se sont immortalisés par d'autres genres de poésie. L'ode, l'élégie, l'idylle, la poésie didactique, l'épigramme, nous sont venues de la Grèce. La plupart de ces genres ont été perfectionnés par les Romains. Il est dans l'ordre de la nature, que le génie profite des anciens modèles, en observe les défauts, pour les éviter avec goût, et les beautés, pour en créer lui-même de nouvelles.

Hérodote et les principaux historiens.

Hérodote d'Halicarnasse est regardé comme le père de l'histoire. Il naquit peu d'années après l'expédition de Xercès dans la Grèce. On lui reproche, avec raison, d'avoir trop aimé le merveilleux, et d'avoir adopté des fables. Pour plaire eux Grecs, il flatta leur vanité crédule. La lecture qu'il fit de son ouvrage aux jeux olympiques, et ensuite dans une fête d'Athènes, lui attira de grands applaudissemens.

Thucydide, encore très-jeune, y versa des larmes comme à une tragédie. Hérodote s'en aperçut, augura que ce jeune homme était né avec les plus heureuses dispositions, exhorta son père à les cultiver avec soin. Thucydide se livra donc à l'étude. Pendant la guerre du Péloponnèse, où il fut employé, il examina tout ; il fit des mémoires exacts, dont il composa ensuite son histoire de cette guerre, excellent ouvrage où la vérité se montre sans fard. Xénophon se distingua peu de temps après dans cette carrière. Mais il ne faut pas lire sa *Cyropédie* comme une histoire : c'est plutôt une espèce de roman moral et politique, fondé en partie sur des faits. Polybe, Denys d'Halicarnasse, Diodore de Sicile, Plutarque, sont des historiens grecs les plus célèbres qui aient paru ensuite.

On attribue à Périclès l'origine de la véritable éloquence, qui joint la force des raisons à celle du senti-ment. Il y avait eu auparavant des harangueurs et non des orateurs. Nous avons vu Démosthènes régner sur les esprits par ce talent admirable. Eschine, son rival, ne pouvait lui résister. Il triompha même souvent de la sagesse de Phocion. Dans une république où l'homme le plus éloquent devenait aussi le plus puissant, et entraînait les suffrages du peuple, tout excitait à cultiver l'éloquence. Des maîtres l'enseignèrent. Isocrate fut un habile rhéteur ; Démosthènes prit des leçons d'un autre, parce qu'il n'était pas assez riche, dit-on, pour payer celles d'Isocrate. La plupart des rhéteurs furent des sophistes qui apprenaient à soutenir le pour et le contre, à donner au faux les couleurs du vrai, et dont les préceptes ne valaient pas la lecture d'une philippique de Démosthènes. Le talent, l'exercice, l'étude des grands modèles : c'est ce qui fait les orateurs.

III.

Premiers philosophes.

Dès que la curiosité, l'émulation et d'autres motifs, portèrent les Grecs à la méditation ou à l'étude, la philosophie s'introduisit parmi eux. Les premiers philosophes furent des sages, principalement occupés des principes de la politique et des devoirs de la société. Ils ne connurent ni les subtilités ni les disputes de mots; ils ne formèrent point de sectes ennemies les unes des autres; ils ne s'égarèrent pas dans de chimériques opinions. On voulut ensuite raisonner sur l'origine du monde, sur la cause première, sur les choses que l'esprit humain peut le moins connaître. Thalès de Milet, contemporain de Solon, fut le chef d'une secte de philosophes, nommée l'*Ionique*. Un jour qu'il se laissa tomber en considérant les astres, une bonne femme lui dit : *Comment connaîtriez-vous le ciel, puisque vous ne voyez pas à vos pieds?* Quoique le cours des astres puisse être connu, le mot de cette femme est très-sensé, en l'entendant de ce qui passe notre intelligence.

Philosophie de Pythagore.

Pythagore, chef de la secte *Italique,* travailla du moins utilement sur les mœurs. Il s'était instruit en Egypte, en Phénicie, en Chaldée, peut-être même dans l'Inde. Il était astronome et géomètre, mais il regarda la sagesse comme la première des sciences, et se crut né pour lui faire des prosélytes. Il passa dans cette partie de l'Italie qu'on appelait la *grande Grèce,* à cause des colonies grecques dont elle était peuplée. Il y réforma les mœurs publiques par ses exhortations, surtout à Crotone, ville très-corrompue.

Sa vie.

Il vivait en communauté avec ses disciples, et leur faisait subir une espèce de noviciat de deux ans, quelquefois de cinq, pendant lequel ils devaient s'instruire en silence, sans pouvoir demander raison des enseignemens. Sa doctrine sur la divinité était admirable. Il voulait que toutes les actions, toutes les études, tendisent à nous rendre semblables à Dieu par l'acquisition de la vérité; il ajoutait que pour acquérir la vérité il faut la chercher avec une âme pure, maîtresse des passions.

Il enseignait la métempsycose, et il tirait de cette erreur des conséquences utiles, puisqu'il annonçait des récompenses de la vertu et des peines du vice après la mort. Zaleucus et Charondas, deux de ses disciples, furent deux législateurs, l'un des Sybarites, célèbres auparavant par leur mollesse; l'autre, des Locriens d'Italie. Pythagore florissait vers l'an 540 avant J.-C. *Son principal dogme.*

Nous avons déjà parlé d'Anaxagore, le maître de Périclès. Il enseigna que l'arrangement du monde est l'ouvrage d'un esprit infini. Il ne parut qu'un impie aux yeux des Athéniens, parce qu'il définissait le soleil, *une matière enflammée.* Tels sont les jugemens de l'ignorance superstitieuse. Socrate, son disciple, consacra la philosophie aux mœurs et au bien public : la ciguë fut sa récompense. *Philosophie d'Anaxagore.*

Platon et Aristote brillèrent après Socrate. Leurs opinions ont eu des sectateurs innombrables. On appelait *académie* la secte de Platon, et *péripatétitiens* celle d'Aristote. Les péripatéticiens modernes qui ont dominé dans les écoles à la faveur de l'ignorance, n'entendaient pas même la doctrine de ce philosophe grec dont ils faisaient un oracle. Dans le même temps, Anthisthènes fonda la secte des cyniques. Un manteau, une besace, un bâton, c'est tout ce qu'ils voulaient posséder. Ils s'imaginaient, dans leur pauvreté orgueilleuse, avoir droit d'insulter le genre humain. Le fameux Diogène, banni pour crime de fausse monnaie, devint le disciple d'Anthisthènes. En déclamant contre les vices, il n'épargnait pas les personnes. On lui jetait des os comme à un chien, et il n'en était que plus hardi. Cratès, autre cynique, vendit un riche patrimoine, en jeta l'argent à la mer, et s'écria : *Je suis libre.* De tels excès ne sont point de la vertu. *Platon. Aristote.*

Zénon, chef des stoïciens, enseigna que la
rend heureux dans tous les maux, et même qu
souffrances ne sont point un mal. Il faisait du sag
homme sans passions, insensible même à la j
quoique fidèle à tous les devoirs de l'humanité
doctrine était sans doute exagérée ; mais elle fi
grands hommes par les sentimens sublimes qu
inspirait.

Epicure, au contraire, plaçait le bonheur da
volupté. On a lieu de croire qu'il l'entendait des pl
qu'accompagnent la vertu et qui supposent la ter
rance. Mais il était aisé d'abuser de cette doctri
aussi la secte dégénéra-t-elle bientôt. Les épicur
préférèrent les plaisirs des sens à tout le reste ; il
livrèrent aux excès du libertinage.

Pyrrhon et les pyrrhoniens poussèrent l'extr
gance jusqu'à ne reconnaître aucune espèce de vé
D'autres philosophes nièrent l'existence de Dieu : .
impiété n'inspira que de l'horreur. La philosop
devint une source intarissable de faux systèmes
disputes dangereuses, dès qu'elle négligea l'obse
tion de la nature et des principes de la morale.

Les Grecs cultivèrent avec succès la géomét
l'astronomie, la géographie, sciences dont nou.
devons pas encore parler. Hippocrate, né vers l'an
avant J.-C., doit être regardé comme le père d
vraie médecine, fondée sur l'observation et l'ex
rience. C'est un grand malheur que les médeci
comme les philosophes, se soient divisés en plusie
sectes rivales. La différence de principes les condui
à des pratiques contraires ; et la vie des hommes é
souvent sacrifiée à l'esprit de système.

Les modernes doivent beaucoup aux Grecs d
tous les genres, mais ils les ont surpassé dans pres
tous, par de meilleures méthodes et par de gran
découvertes.

Fin de l'Histoire Grecque.

COURS D'ÉTUDES

A L'USAGE

DE L'ANCIENNE ÉCOLE MILITAIRE

ABRÉGÉ DE LA FABLE

Paris. — Typographie Panckoucke, rue des Poitevins, 14.